100만뷰 유튜버

율다우 쌤의

리코더야 놀자

율다우 저

이론은 쉽게
연주는 즐겁게

태림스코어

목차

리코더에 대해

1. 역사

중세 시대
리코더의 기원에 대해서는 정확히 알 수 없으나, 일반적으로 600~700년 전 중세 시대일 것이라 추측합니다.

바로크 시대
리코더의 전성기는 16~18세기 바로크 시대이며, 17세기 무렵에는 9종류의 리코더가 있었습니다. 일반적으로는 소프라니노, 소프라노, 알토, 테너, 베이스, 더블베이스 6종류의 리코더가 사용됩니다.

고전/낭만 시대
18세기 말에서 19세기 다른 악기에 비해 상대적으로 작은 음량과 좁은 음역대로 리코더의 사용이 점차 줄어들었습니다. 리코더는 역사 속으로 사라지게 되었습니다.

20세기 이후
아놀드 돌메치의 '리코더 부흥 운동'으로 인해 다시 부활하게 됩니다.

2. 종류

소프라니노　소프라노　알토　테너　베이스

그 외 클라이네 소프라니노, 그레이트 베이스, 콘트라 베이스, 슈퍼 콘트라 베이스 리코더 등이 있지만 잘 쓰이지 않습니다.

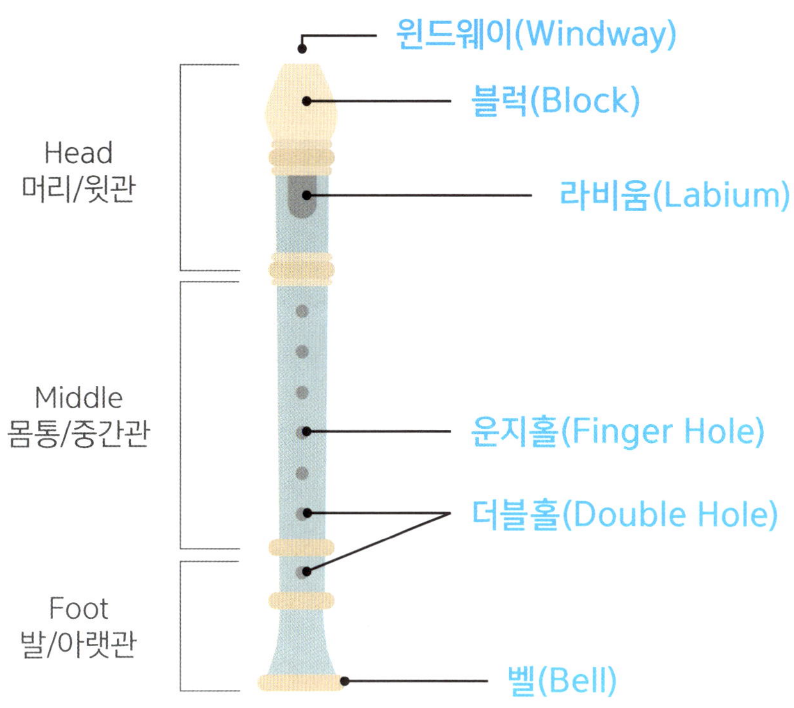

4. 바로크식(B) 리코더와 저면식(G) 리코더

바로크식(B)	저면식(G)
반음과 고음이 정확한 음정을 냄	반음과 고음이 정확하지 않음
'파'운지가 까다로움	'파'운지가 쉬움
반음, 트릴운지가 쉬움	반음, 트릴운지가 어려움
교육용, 연주용으로 사용 가능	교육으로만 사용 가능
4번 홀이 작음	5번 홀이 작음

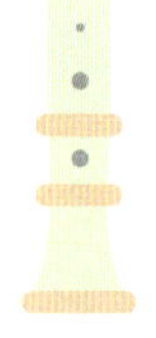
바로크식(B)

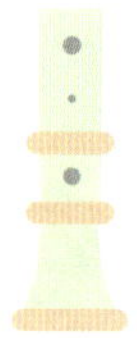
저면식(G)

5. 음역대

리코더는 악기의 크기가 클수록 낮은 소리, 작을수록 높은 소리가 납니다.

C조 리코더 클라이네 소프라니노, 소프라노, 테너, 그레이트 베이스
F조 리코더 소프라니노, 알토, 베이스, 콘트라 베이스

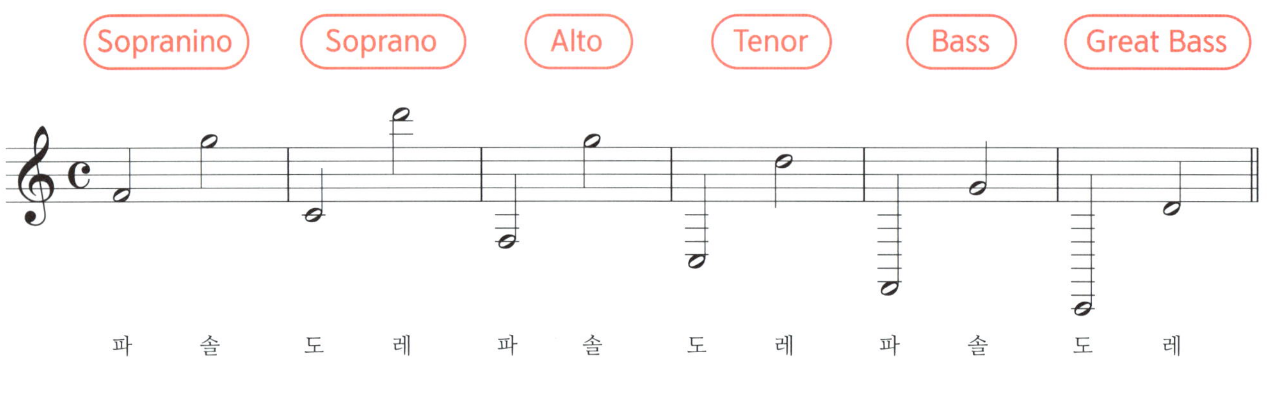

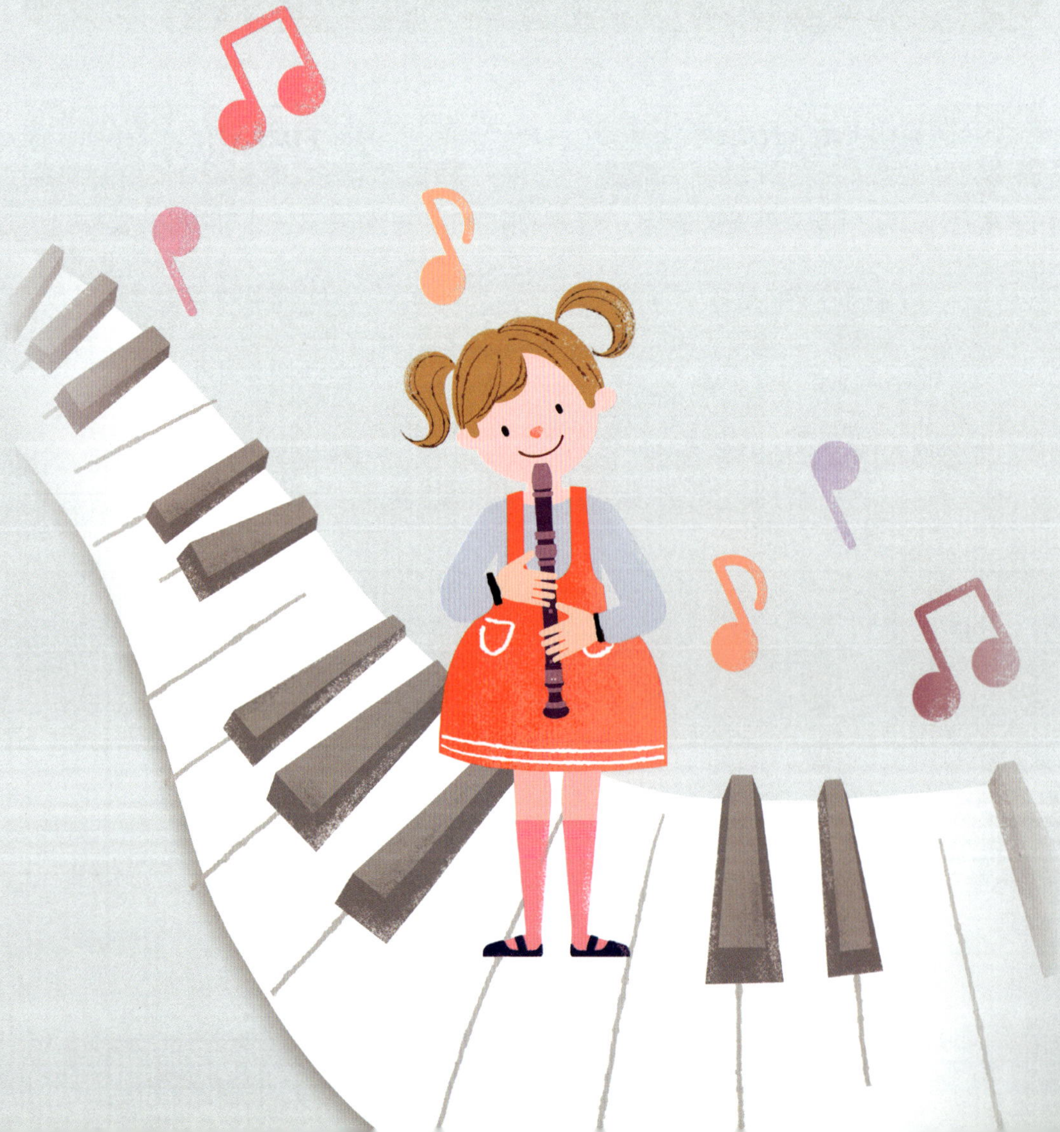

1. 부드러운 천이나 헝겊을 준비합니다.

2. 청소봉 구멍에 천을 넣어줍니다.

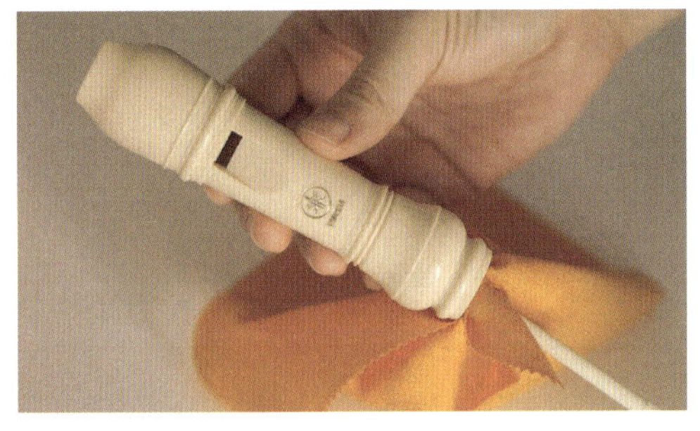

3. 리코더를 분리해 습기를 깨끗이 닦아줍니다.

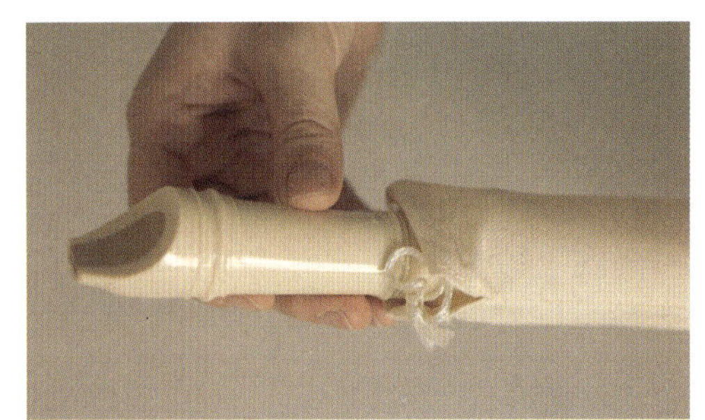

4. 리코더 전용 케이스에 보관합니다.

7. 잡는 방법

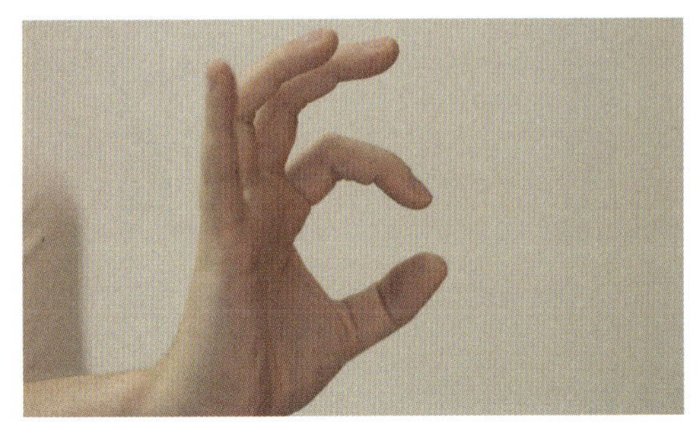

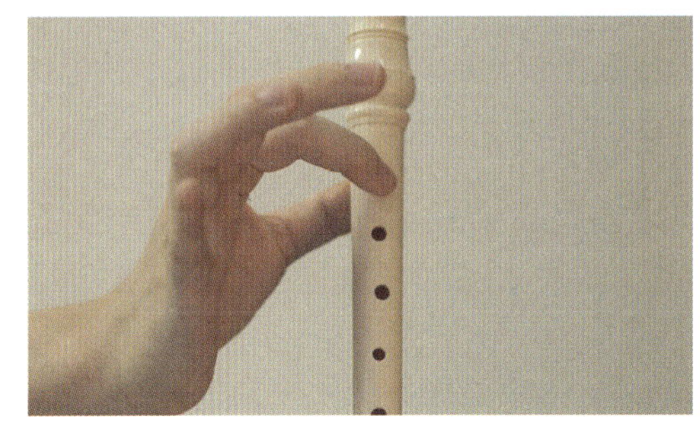

- 왼손 엄지와 검지를 동그랗게 만들어 리코더를 잡습니다. 나머지 오른손도 구멍에 가지런히 올립니다.
- 손가락의 도톰한 부분으로 구멍을 막습니다. 구멍을 열고 닫을 때 손가락을 1㎝ 정도만 움직입니다.

주의할 점! 손가락에 힘을 풀고 호흡은 너무 강하지 않게 연주합니다.

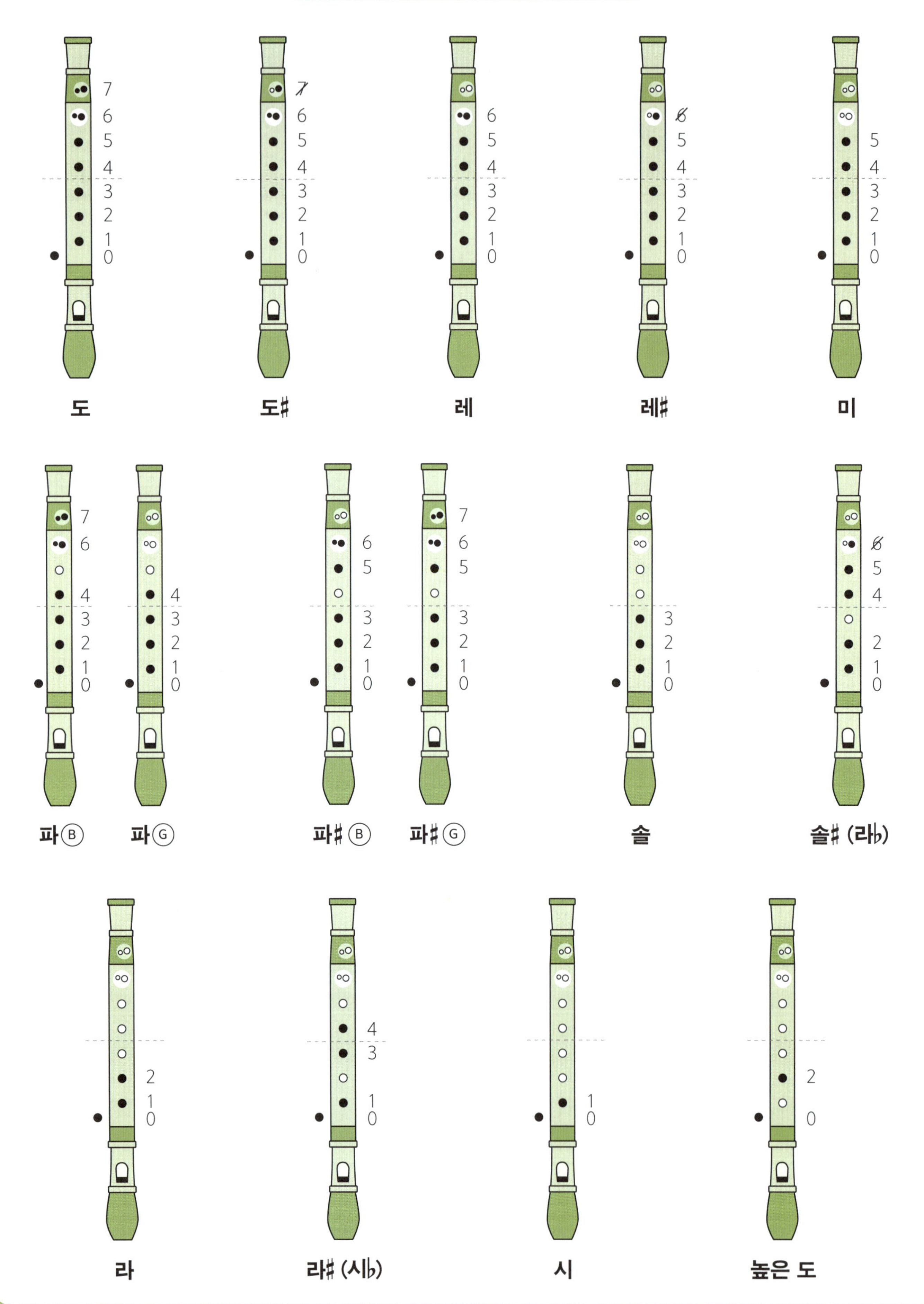
도
도♯
레
레♯
미
파 Ⓑ
파 Ⓖ
파♯ Ⓑ
파♯ Ⓖ
솔
솔♯ (라♭)
라
라♯ (시♭)
시
높은 도

높은 미 부터는 왼손 엄지를 써밍(Thuming)으로 연주합니다.

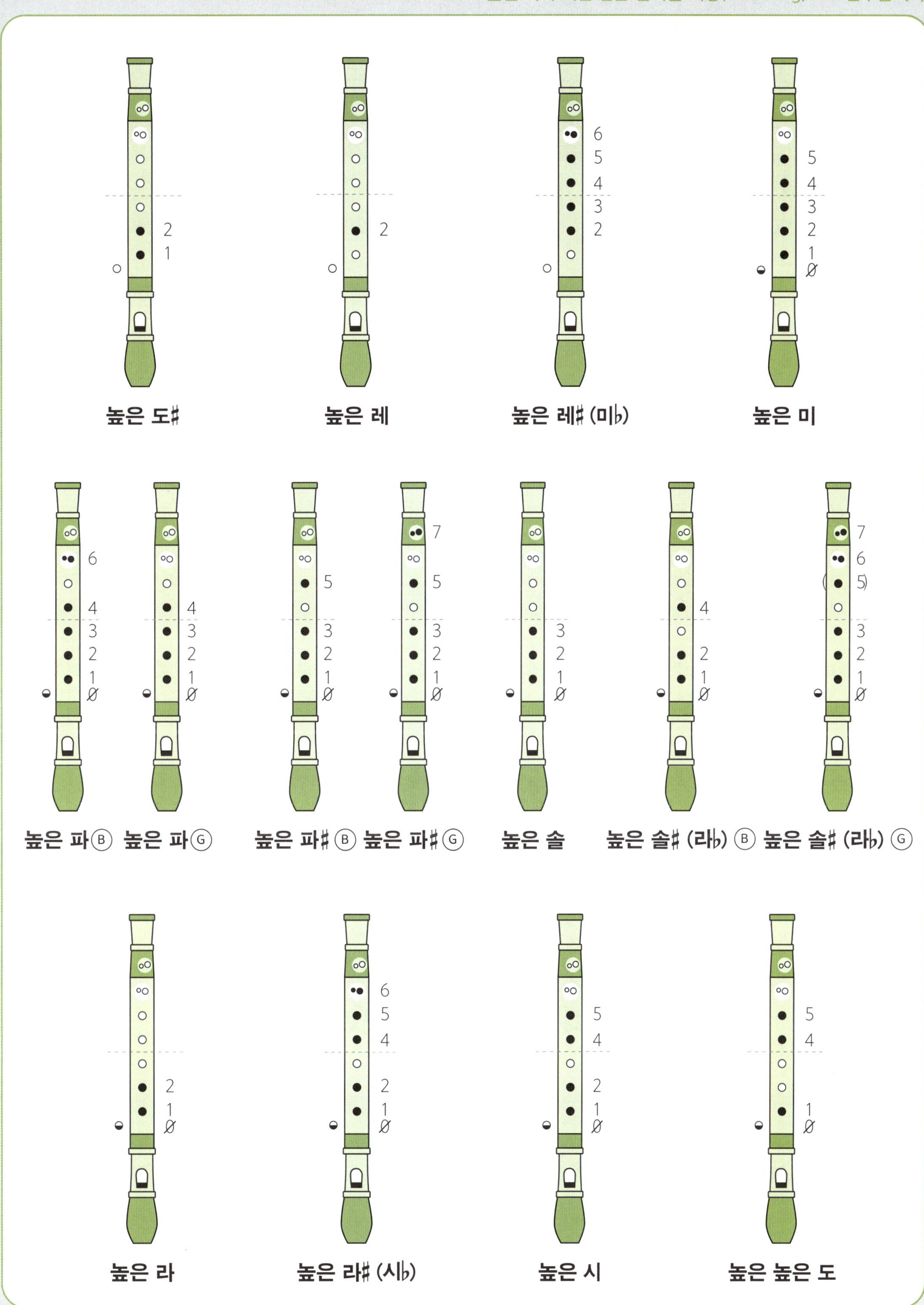

소리내기

1. 텅잉(Touguing)이란?

텅잉은 두, 드, 트, 하면서 혀를 사용하여 소리를 냅니다. 혀끝으로 윗니 안쪽을 살짝 텅기듯 연주하는 주법입니다.

텅잉 Tip!

텅잉은 말하는 것처럼! 호흡을 거칠게 내뱉으면 음이탈이 나요! 두~ 드~ 트~ 부드럽게 말하듯, 노래하듯, 연주해 보세요.

▶ 텅잉을 해보자!

기본 텅잉, 레가토 텅잉, 스타카토 텅잉, 더블 텅잉, 트러플 텅잉

기본 텅잉

레가토 텅잉

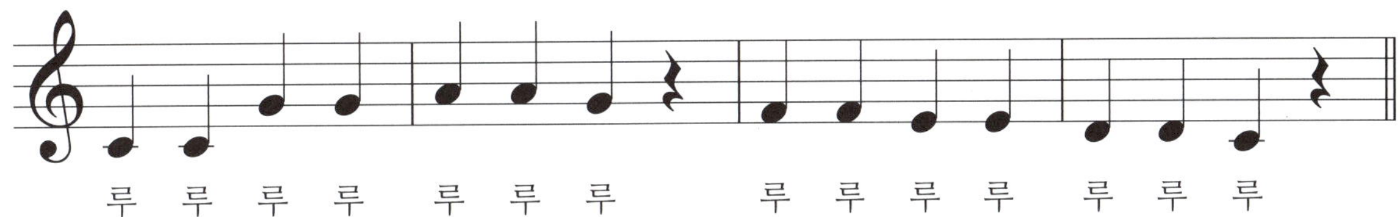

스타카토 텅잉

더블 텅잉

트리플 텅잉

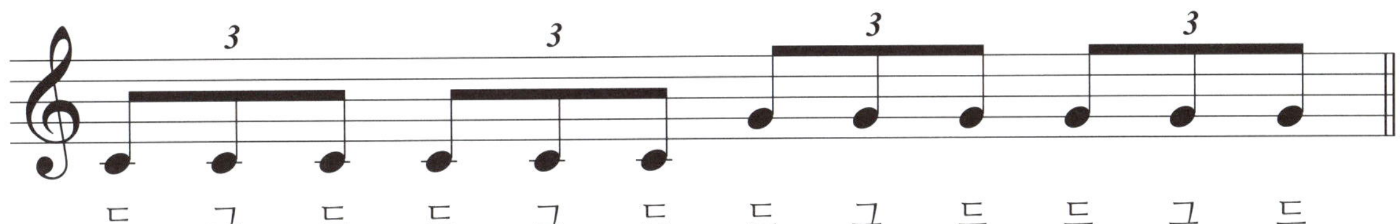

낮은 음역 입안의 공간을 넓게 하고 호흡을 느리고 편안하게 가져갑니다.

중간 음역 입안의 공간을 보통으로 하고 일반적인 호흡으로 연주합니다.

높은 음역 입안의 공간을 좁게 만들고 호흡을 빠르게 가져갑니다. 텅잉을 드~ 보다는 트~ 에
가깝게 연주하면 더욱 맑은 소리가 납니다.

Practice! 호흡을 처음부터 끝까지 일정하게 가져가야 합니다.
소리가 크게 났다가 작게 났다가 하지 않도록 연습해 봅시다.

낮은 음역

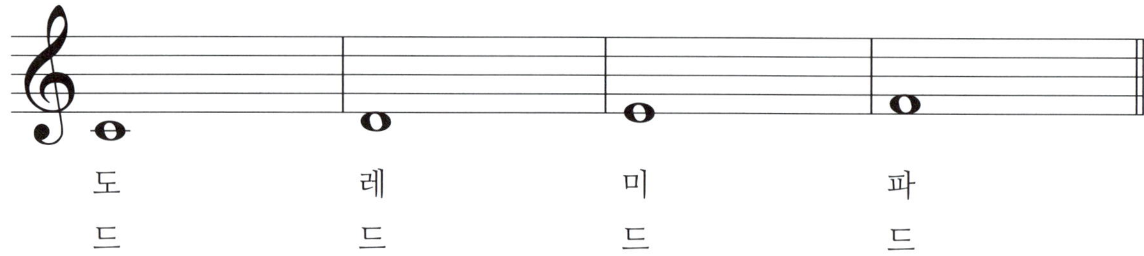

중간 음역

높은 음역

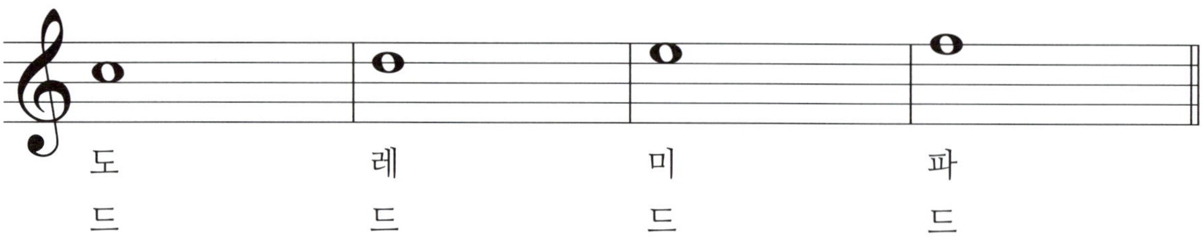

악보 읽기

1. 음표

음표	음표 이름	박의 길이
o.	점온음표	6박
o	온음표	4박
♩.	점2분음표	3박
♩	2분음표	2박
♩.	점4분음표	1박반
♩	4분음표	1박
♪.	점8분음표	반박반
♪	8분음표	반박
♪.	점16분음표	반의반박반
♪	16분음표	반의반박

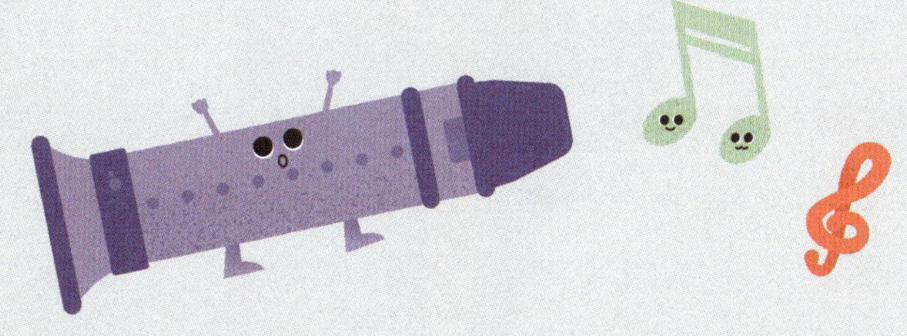

음표	음표 이름	박의 길이
	점온쉼표	6박
	온쉼표	4박
	점2분쉼표	3박
	2분쉼표	2박
	점4분쉼표	1박반
	4분쉼표	1박
	점8분쉼표	반박반
	8분쉼표	반박
	점16분쉼표	반의반박반
	16분쉼표	반의반박

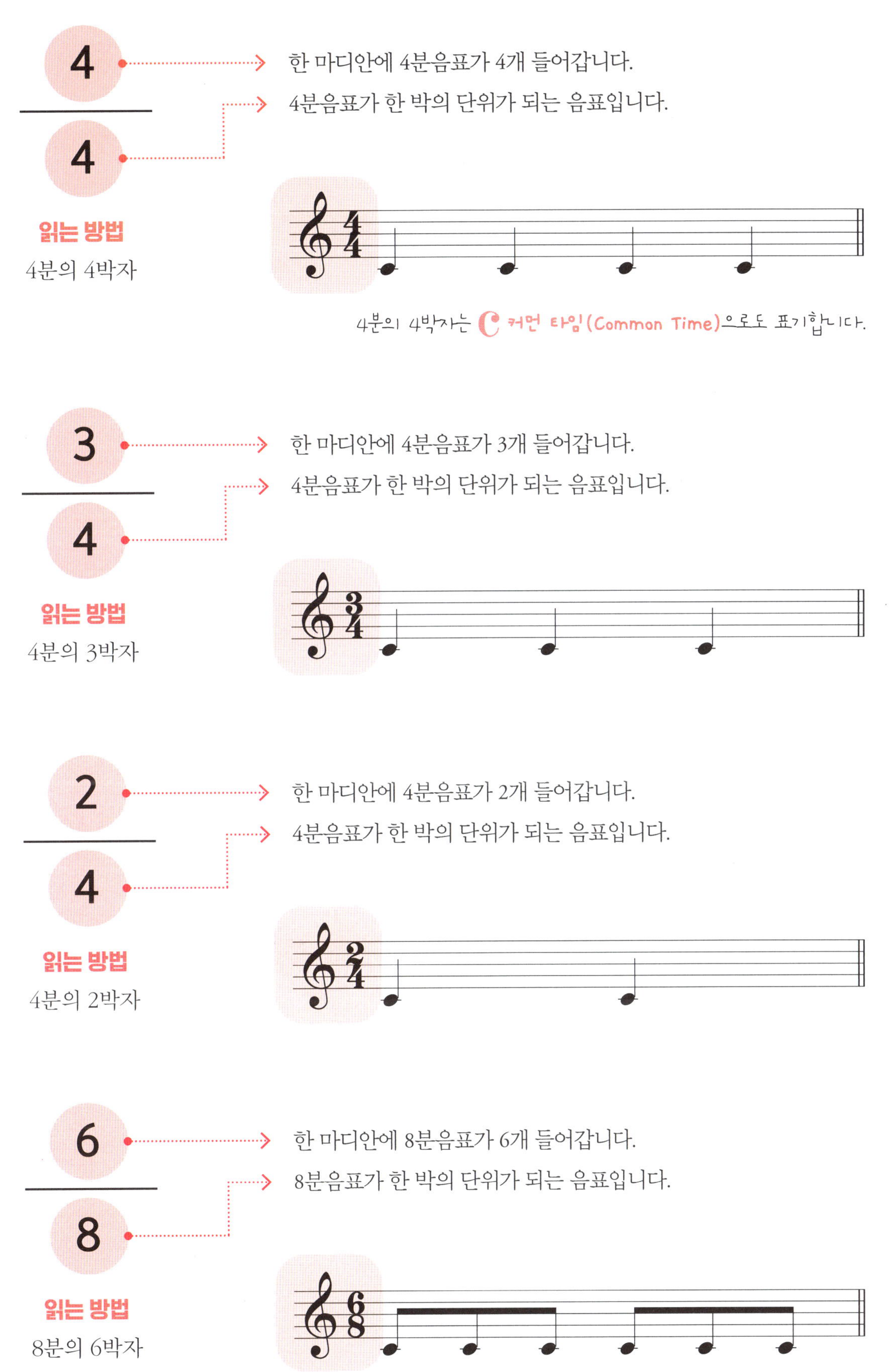

4 / 4

한 마디안에 4분음표가 4개 들어갑니다.

4분음표가 한 박의 단위가 되는 음표입니다.

읽는 방법

4분의 4박자

4분의 4박자는 C 커먼 타임(Common Time)으로도 표기합니다.

3 / 4

한 마디안에 4분음표가 3개 들어갑니다.

4분음표가 한 박의 단위가 되는 음표입니다.

읽는 방법

4분의 3박자

2 / 4

한 마디안에 4분음표가 2개 들어갑니다.

4분음표가 한 박의 단위가 되는 음표입니다.

읽는 방법

4분의 2박자

6 / 8

한 마디안에 8분음표가 6개 들어갑니다.

8분음표가 한 박의 단위가 되는 음표입니다.

읽는 방법

8분의 6박자

조표 악곡 전체에 적용되며, 조표(♯, ♭)가 붙는 모든 음을 반음 올리거나 내려서 연주합니다.

오른손 연습
도 레미파솔

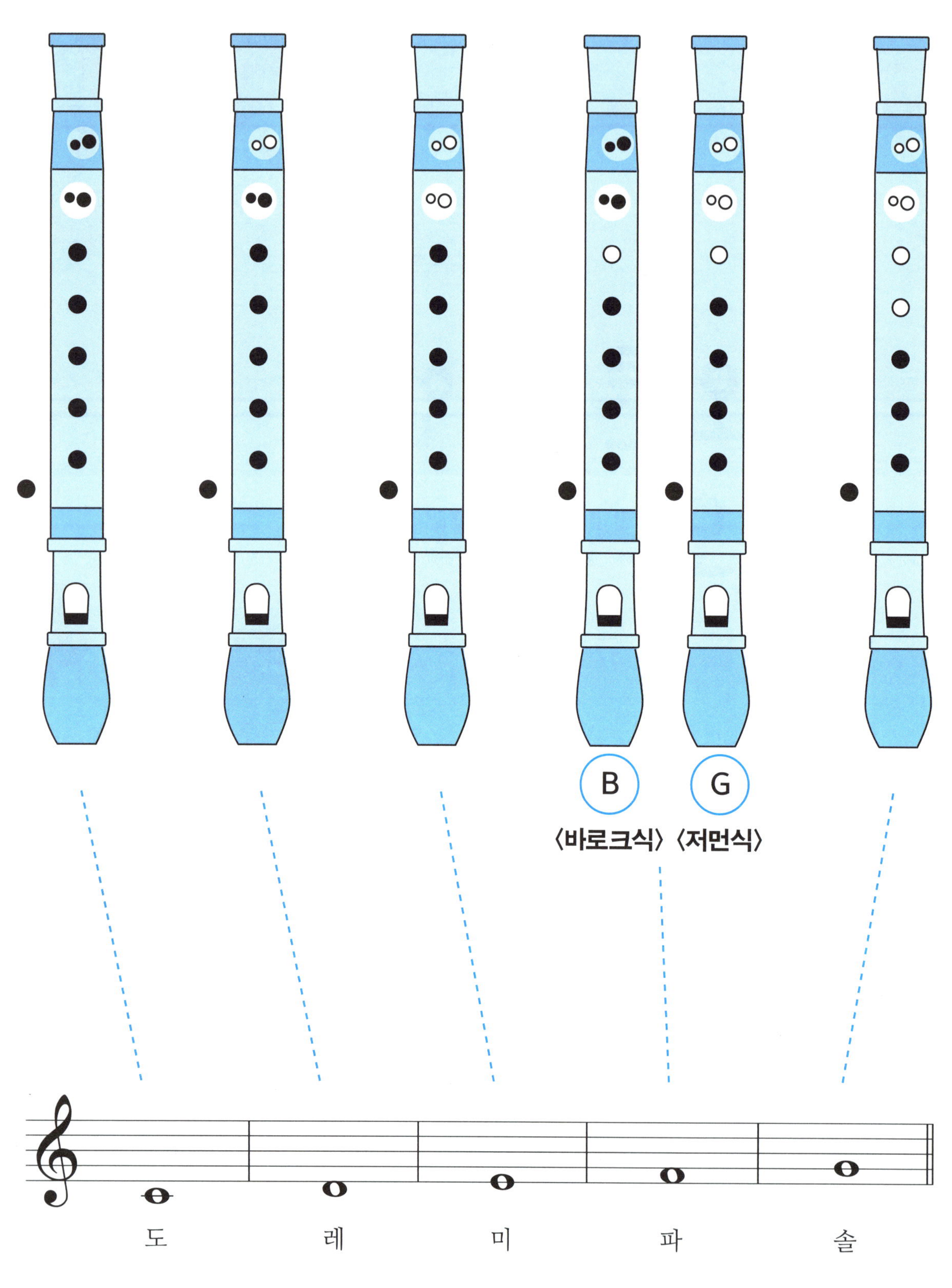
B
G
〈바로크식〉 〈저먼식〉
도 레 미 파 솔

더 알아보기

드~웃 텅잉

곡이 끝날 때나 쉼표가 있을 때 확실히 끝나는 느낌을 주기 위해 드~웃 텅잉을 합니다.
혀를 입천장에 부드럽게 댔다가 떼어내 보세요.

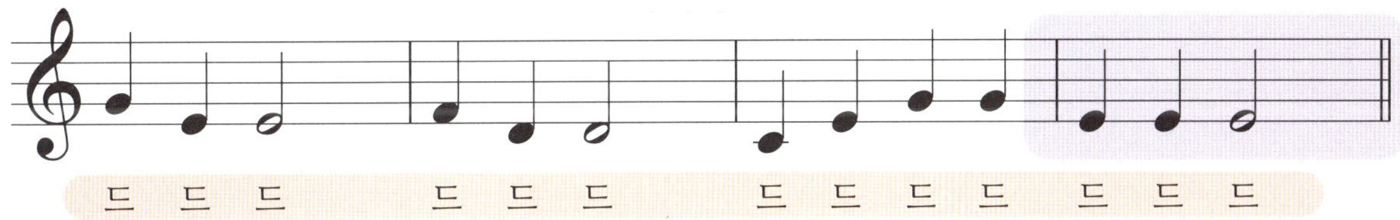

안녕 도레미!

작사 · 작곡 작자미상

도 도 도 레 미 레 레 레 미 파
미 미 미 파 솔 파 파 파 미 레
솔 도 솔 파 미 파 파 미 레 도

도레미파솔

작사 · 작곡 작자미상

도 도 도 도 도 도도도 레 레 레 레 레 레레레
미 미 미 미 미 미미미 파 파 파 파 파 파파파
솔 솔 솔 솔 솔 솔솔솔 도 레 미 파 솔 파 미 레 도 도 도

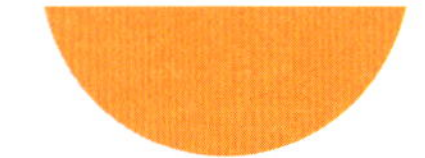

아침

작사 박경종
작곡 독일민요

비행기

작사 윤석중
작곡 작자미상

더 알아보기

악보에서 쉼표가 없는 곳에서 숨을 쉬는 곳을 지시하는 기호.
표기법은 아래와 같습니다.

, √ ♂ V

나비야

가온도는 소리내기 어렵습니다. 이탈음이 자주 발생하기 때문에 주의하여 연습하세요.

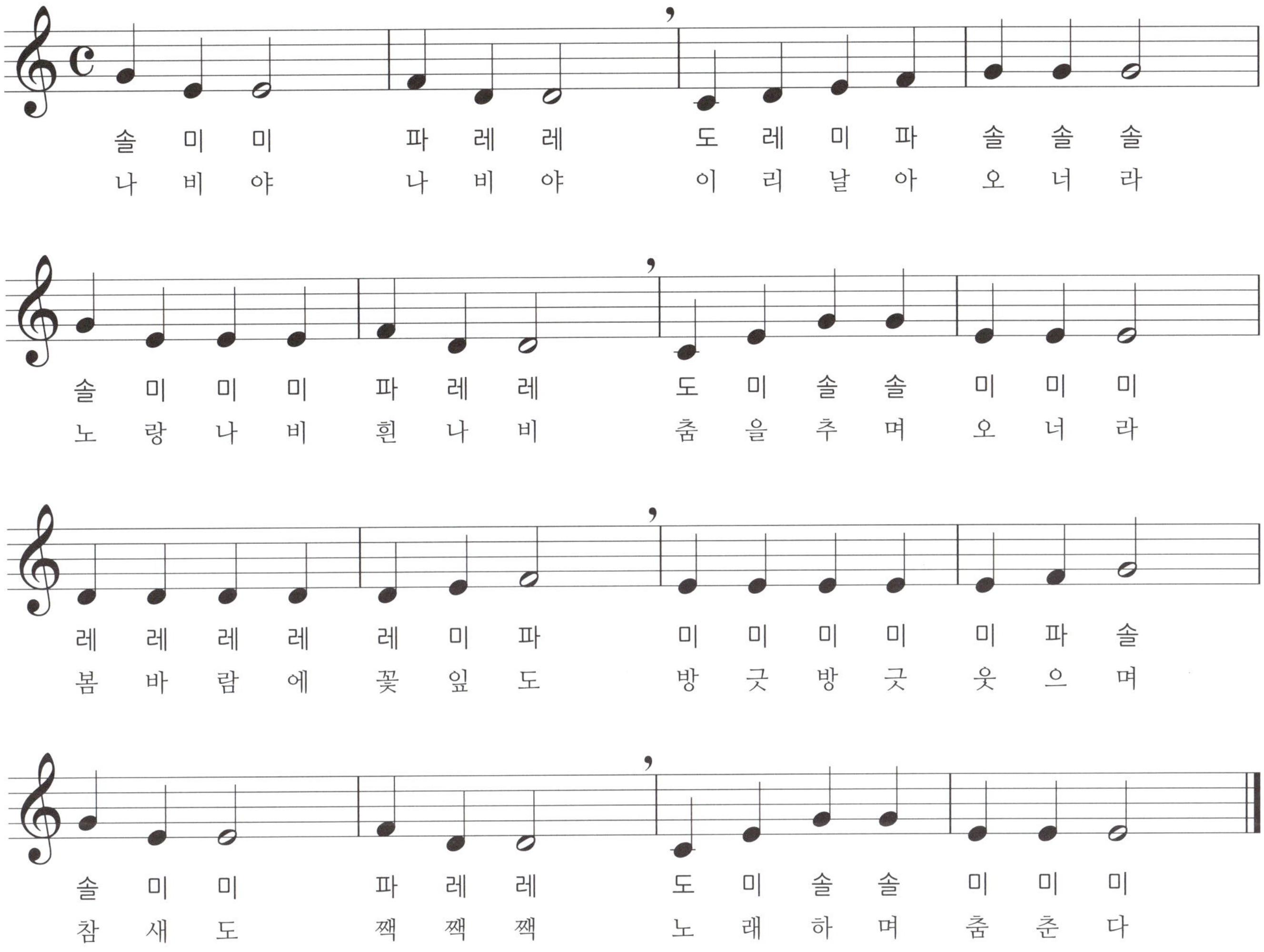

환희의 송가

작곡 Ludwig Van Beethoven

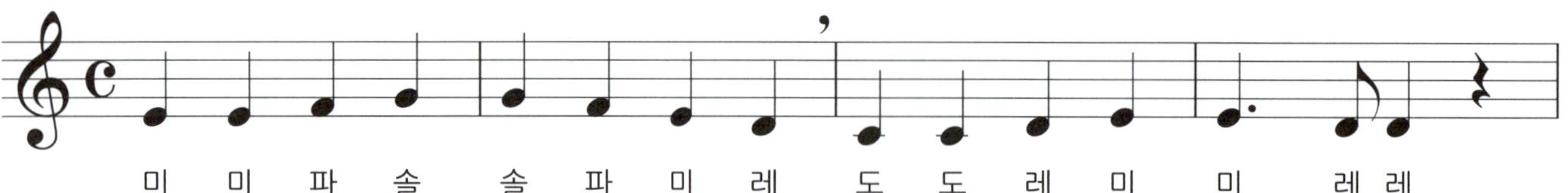

올라가는 눈

작사 · 작곡 작자미상

왼손 연습
솔라시도

솔라시도 운지법

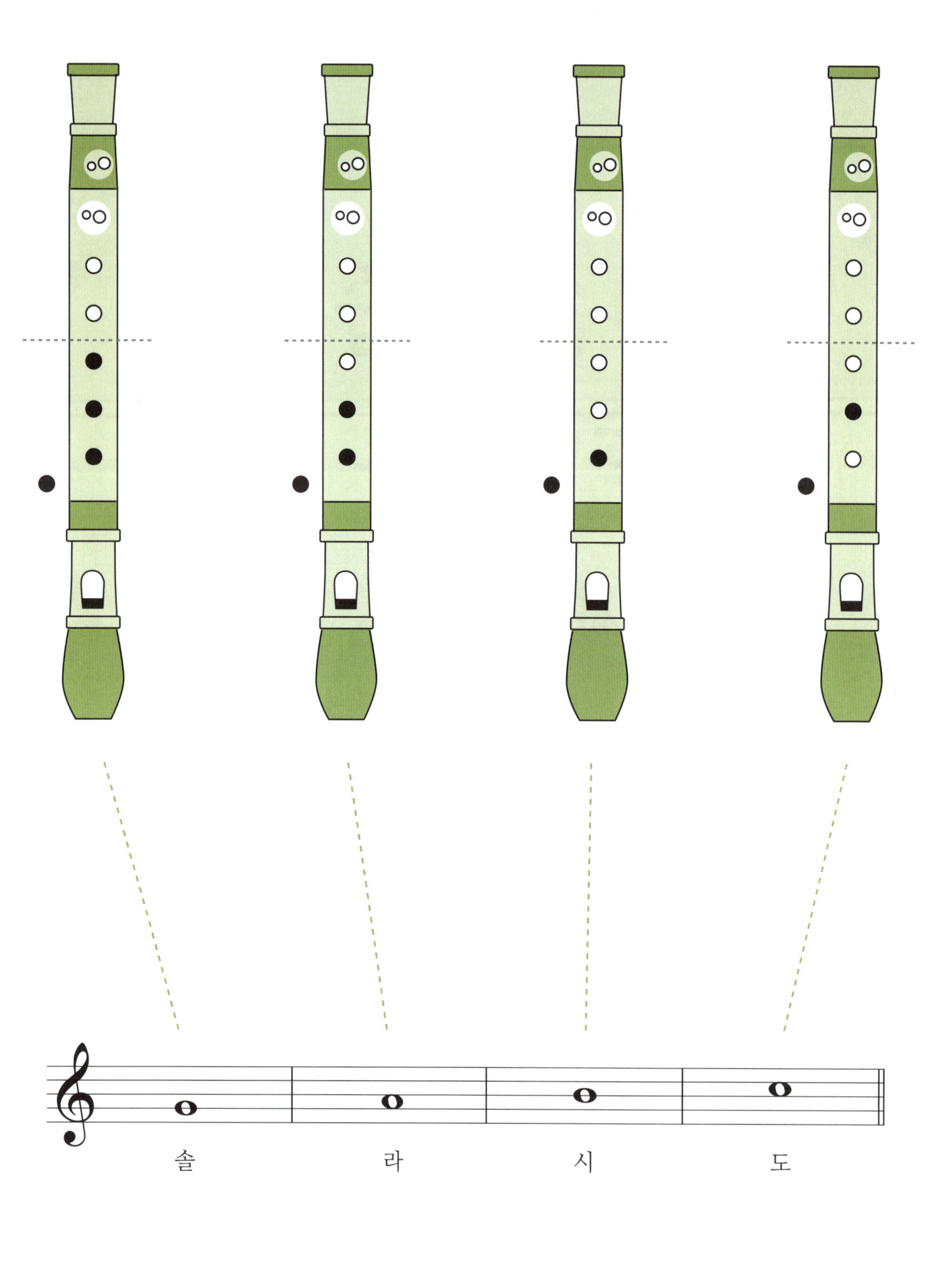

곰 세 마리

작사·작곡 작자미상

사과 같은 내 얼굴

작사 김방옥
작곡 외국곡

음이탈이 자주 날 때!

가온도, 레 특히 낮은음을 연주할 때 음이탈이 자주 발생합니다. 그 이유는 호흡을 필요 이상으로 세게 하거나 구멍이 잘 막혀 있지 않기 때문입니다. 입 안의 공간을 넓게, 호흡을 차분하게 가다듬고 호~ 하고 불어보세요!

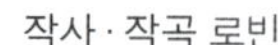

바나나차차

작사·작곡 로빈

파 파 파 도 라　파 파 파 도 라　파 파 파 파 파 파 파 파 라
바 나 나 차 차　바 나 나 차 차　다 같이 La la - la la　la

도 솔　파 파 파 도 라　파 파 파 도 라　파 파 파
차 차　바 나 나 차 차　바 나 나 차 차　다 같이

파 파 파 파 라 도　　　파 파 파
La la - la la la Hoo　　엄 마 엄

파　파 파 파 파 라　라 솔 솔 파　파 파 파
마　바 나 나 나 Yeah　진 짜 맛 나　엄 마 도

라 솔　파 파 파 파　파 파 파 파 라　라 솔
차 차　아 빠 아 빠　바 나 나 나 Yeah　사 주

솔 파 　 파 파 파 라 솔 　 라 　 라 라 라 라 라
세 요 　 아 빠 도 차 차 　 Oh 　 길 으 면 기 기

솔 파 파 파 파 　 라 　 라 라 라 　 라 　 솔 파 파 도 솔
차 라 차 차 차 　 먹 으 면 힘 　 이 　 으 라 차 차 차

라 　 라 라 라 　 라 라 라 라 라 　 솔 파 파 파 파 　 파
할 　 머 니 도 　 할 아 버 지 도 　 모 두 모 두 모 　 여

도 　 파 파 파 도 라 　 파 파 파 도 라 　 파 파 파
라 　 바 나 나 차 차 　 바 나 나 차 차 　 다 같 이

파 파 파 파 　 라 　 도 솔 　 파 파 파 도 라 　 파 파 파
La la- la la 　 la 　 차 차 　 바 나 나 차 차 　 바 나 나

도 라 　 파 파 파 파 파 파 파 라 　 도
차 차 　 다 같 이 La la- la la 　 la 　 Hoo

더 알아보기

셈여림
pp
p
mp
mf
f
ff
피아니시모
매우 여리게
피아노
여리게
메조피아노
조금 여리게
메조포르테
조금 세게
포르테
세게
포르티시모
매우 세게

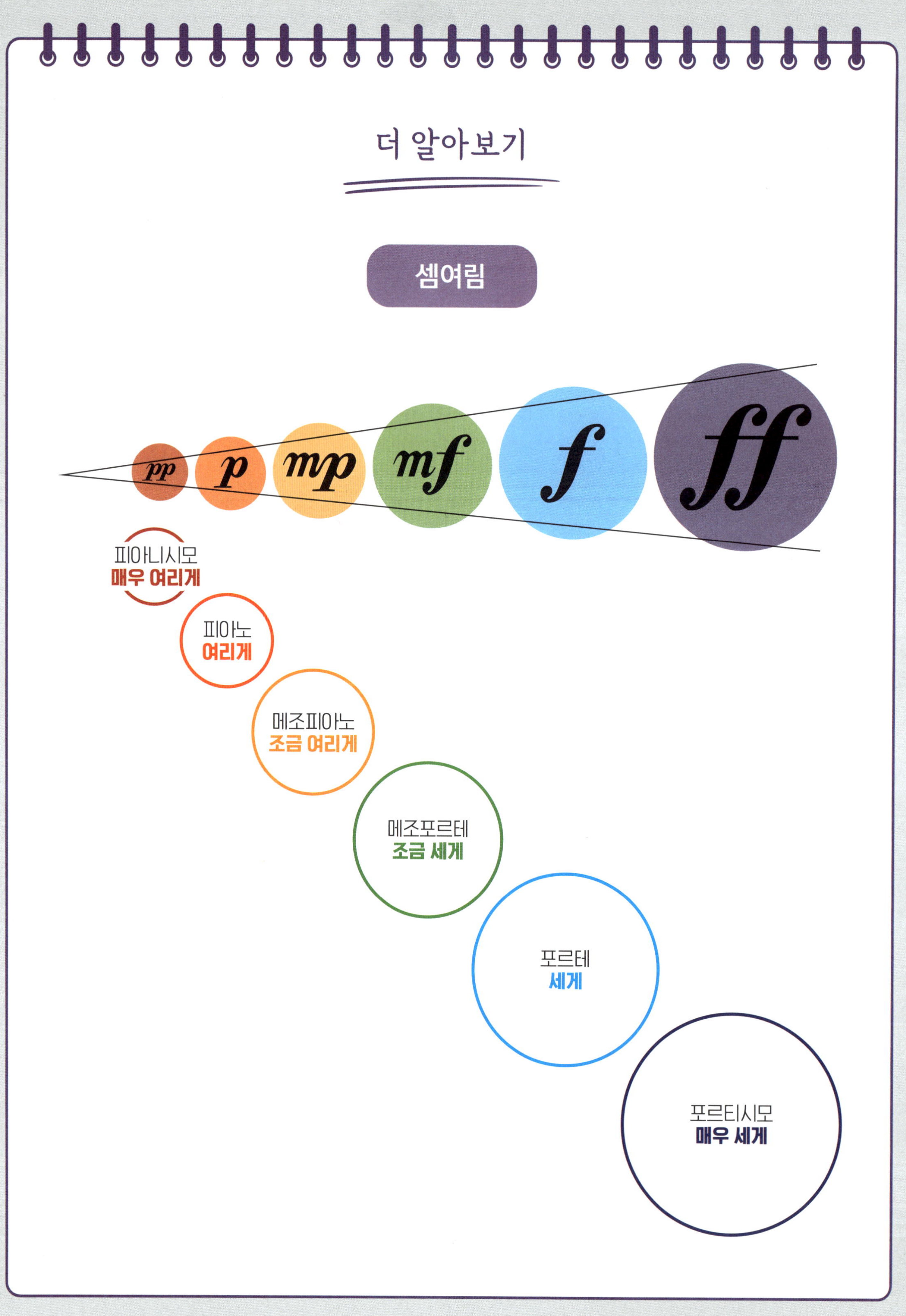

작은 별

작곡 Wolfgang Amadeus Mozart

mf ←---- 조금 세게
도 도 솔 솔 라 라 솔 파 파 미 미 레 레 도
mp ←---- 조금 여리게
솔 솔 파 파 미 미 레 솔 솔 파 파 미 미 레
mf
도 도 솔 솔 라 라 솔 파 파 미 미 레 레 도

가을 길

작사 · 작곡 김규환

미 미미미 파솔 라 솔파미　　솔　솔솔솔 라시 도 시 라 솔
노 랗게노 랗게 물 들었네　　빨 갛게빨 갛게 물 들었네
미 미미미 파솔 라 솔파미　　라 도 시 레 도 도 도
파 랗게파 랗게 높 은하늘　　가 을 길 은 고 운 길
라 도 도 도　　라 도 도 도　　라 도 도 도 도 도 시 라 솔 파
트랄 랄랄라　　트랄 랄랄라　　트랄 랄랄랄 라 노 래부르 며
미 미미미 파솔 라 솔파미　　라 도 시 레 도 도 도
산 넘어물 건너 가 는 – 길　　가 을 길 은 비 단 길

모두가 천사라면

작곡 외국곡

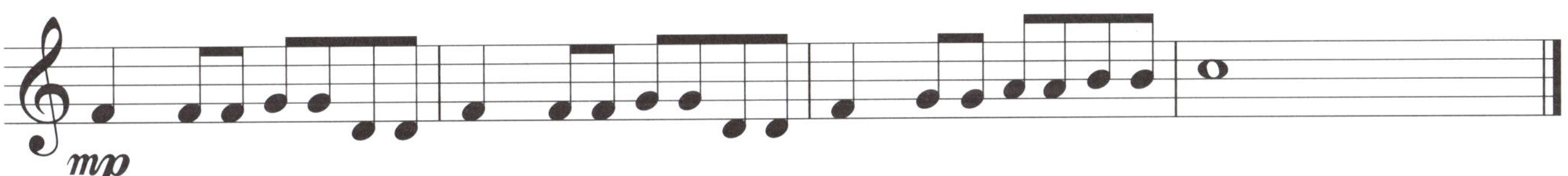

하얀 나라

작사 · 작곡 김성균

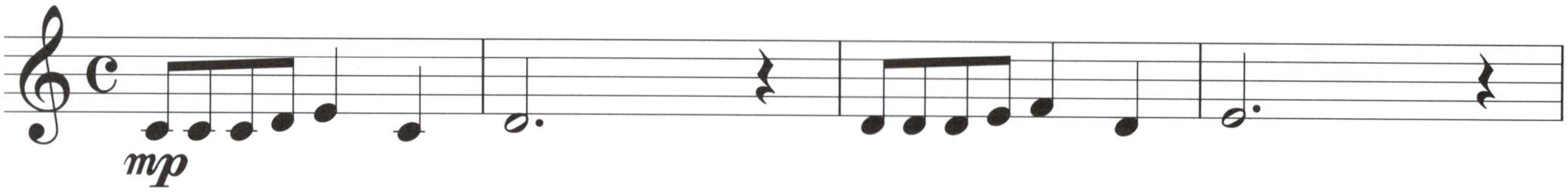

도 도 도 레 미 도 레 레 레 레 미 파 레 미
나 는 눈 이 좋 아 서 꿈 에 눈 이 오 나 봐

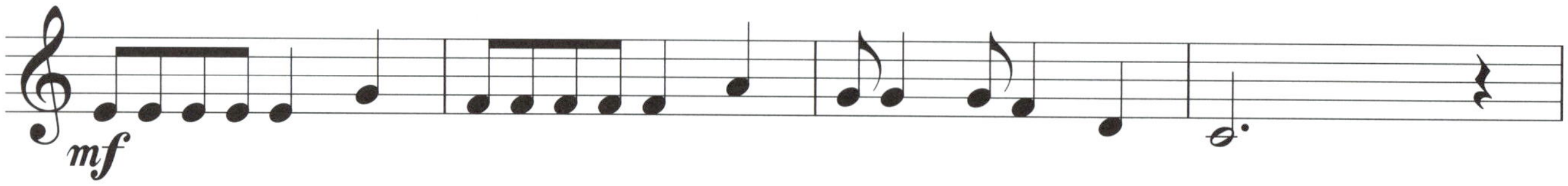

미 미 미 미 미 솔 파 파 파 파 파 라 솔 솔 솔 파 레 도
온 세 상 이 모 두 하 얀 나 라 였 지 어 젯 밤 꿈 속 에

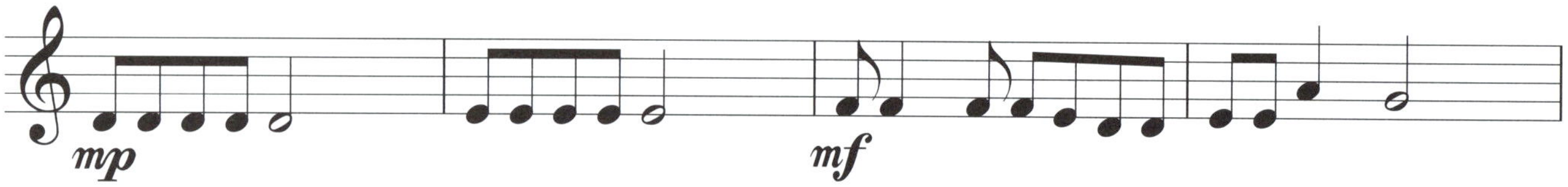

레 레 레 레 레 미 미 미 미 미 파 파 파 파 미 레 레 미 미 라 솔
썰 매 를 탔 죠 눈 싸 움 했 죠 커 다 란 눈 사 람 도 만 들 었 죠

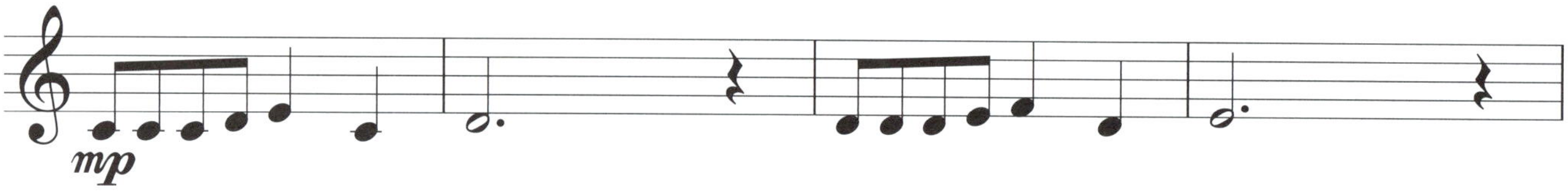

도 도 도 레 미 도 레 레 레 레 미 파 레 미
나 는 눈 이 좋 아 서 꿈 에 눈 이 오 나 봐

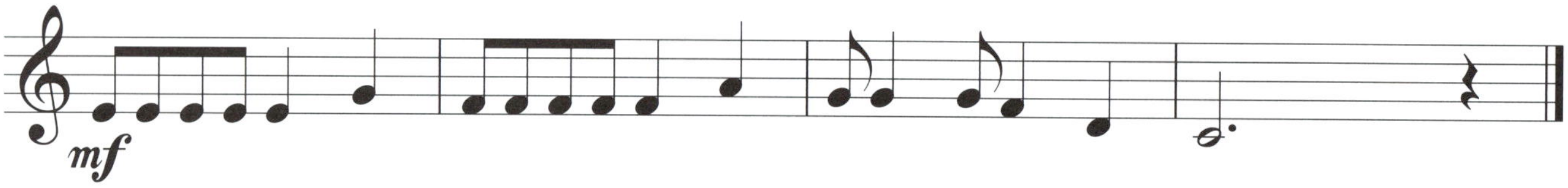

미 미 미 미 미 솔 파 파 파 파 파 라 솔 솔 솔 파 레 도
온 세 상 이 모 두 하 얀 나 라 였 지 어 젯 밤 꿈 속 에

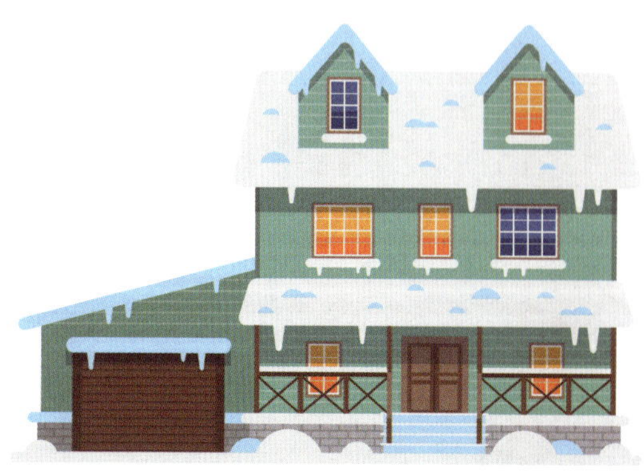

못갖춘마디(Incomplete Bar)

악보에 표시된 박자표와 다르게 첫 마디의 박자 수가 부족한 것을 못갖춘마디라고 합니다.
첫 마디와 마지막 마디를 합하면 표시된 박자표대로 박자 수를 맞추게 됩니다.

Tip! 못갖춘마디는 마디 수에 포함되지 않습니다.

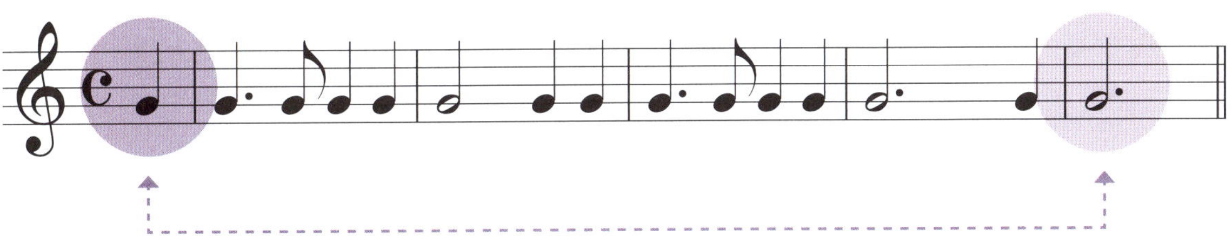

여린내기란?
못갖춘마디는 첫 음을 여리게 시작합니다. 이것을 여린내기 라고 합니다.
반대로 갖춘마디의 첫 음은 강박으로 시작하며, 이것을 센내기 라고 합니다.

즐거운 나의 집

작사 John Howard Payne
작곡 Henry Bishop

등대지기

작사 유경순
작곡 영국민요

제주도의 푸른 밤

작사·작곡 최성원

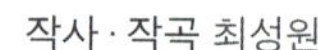

NO COPY

레 레 레 도 시♭도 라 솔 파 레 레
아 파 트 담 벼 락 보 다 는 바 달

레레레레도 시♭도 라솔 파 레레 레미 레미
볼수있는창 문이좋아 요 끼깡 밭일 구고

파 도 라 파파라라 라솔파도
감 귤 도 우리둘이 가꿔봐요 –

도레라 솔파도 파파
정말로 – 그대가 – 외 롭

레 레레도시♭레 도 라솔파 라솔파
다 고느껴진다면 떠나요 제주도

레레솔 솔라시♭라 파
– 푸른밤 하늘아래 로

더 알아보기

이음줄(Slur)과 붙임줄(Tie)

이음줄(Slur) 음높이가 다른 2개 이상의 음을 이은 것

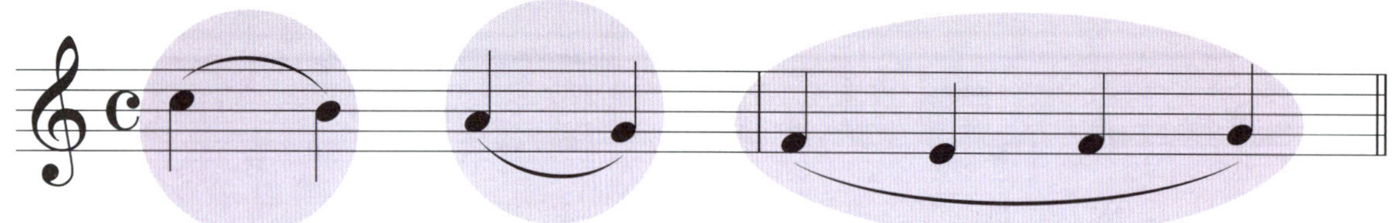

붙임줄(Tie) 음높이가 같은 음을 이은 것

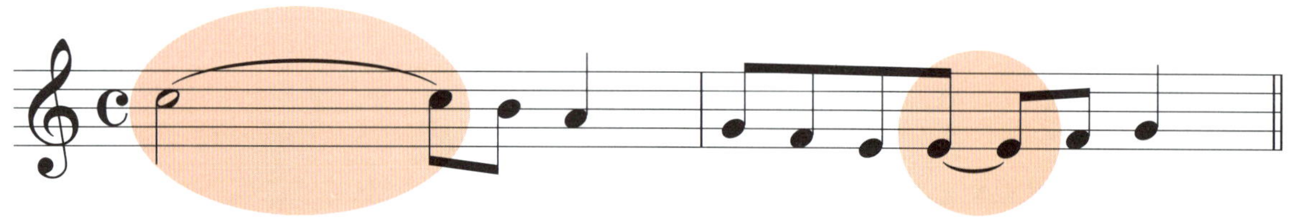

종달새의 하루

작사 윤석중
작곡 이은렬

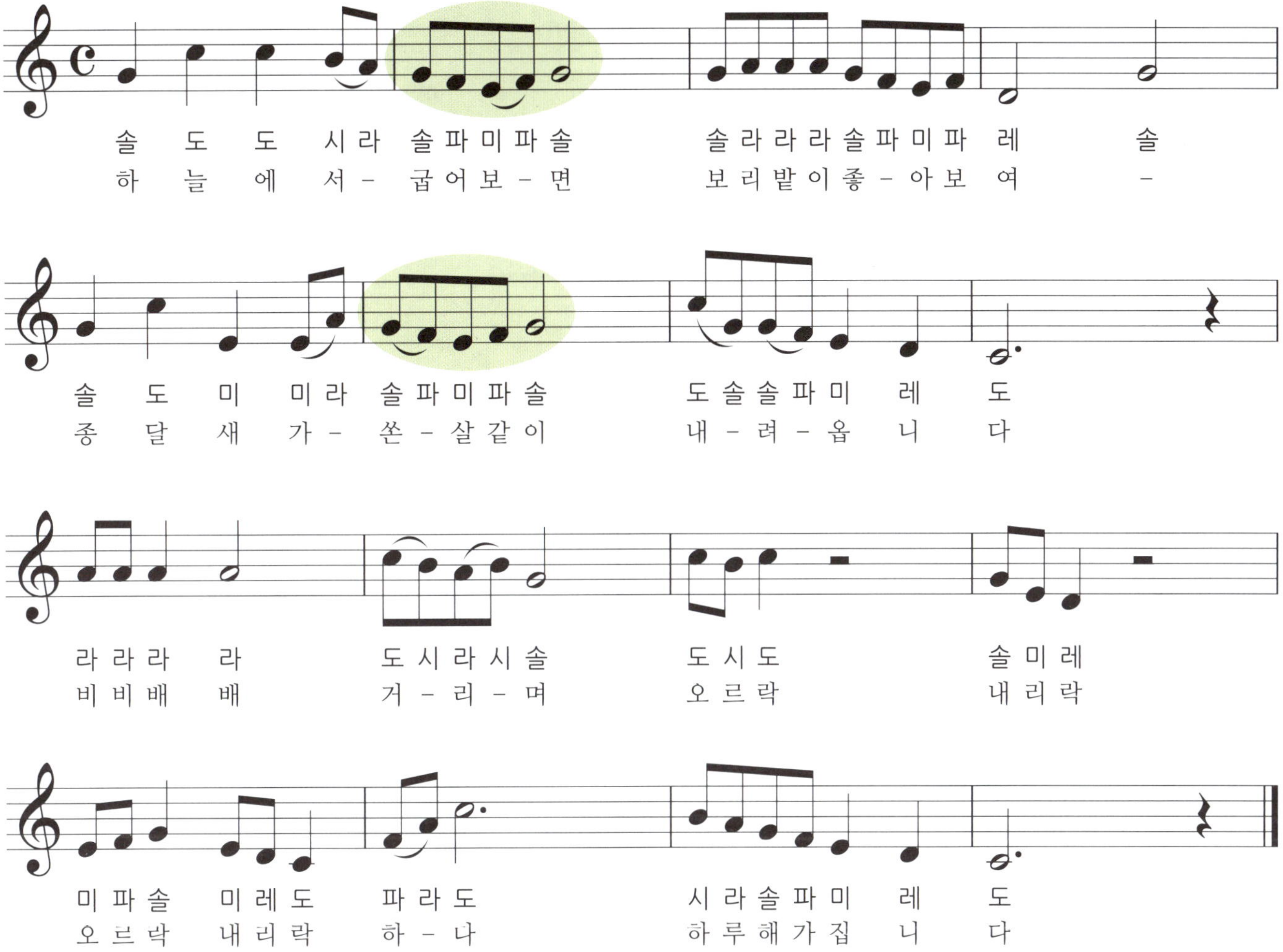

기러기

작사 윤석중
작곡 외국곡

솔 라솔미레도 도 라 솔미미도 레
달 －밝은가을밤 에 기 러 기 들 이

솔 라솔미레도 도 라 라솔미도미 레 도
찬 －서리맞으면 서 어디로들가 나 요

도 시 라 솔 미 라솔미도 레
고 단 한 날 개 쉬 어 가 라 고

솔 라솔미레도 도 라 라솔미도미 레 도
갈 대들이손을 저 어 기러기를부 르 네

풍선

작사 이두헌
작곡 김성호

솔 파미레 도 도레미도 파 미 레 도
내 마음에 도 아름다운 기 억 들 이

라 미솔 미 미레도도 솔
생 각 나 내 어릴적꿈 은 -
Fine

미미미미미솔 미 도레미도
노란풍선을타 고 하늘높이

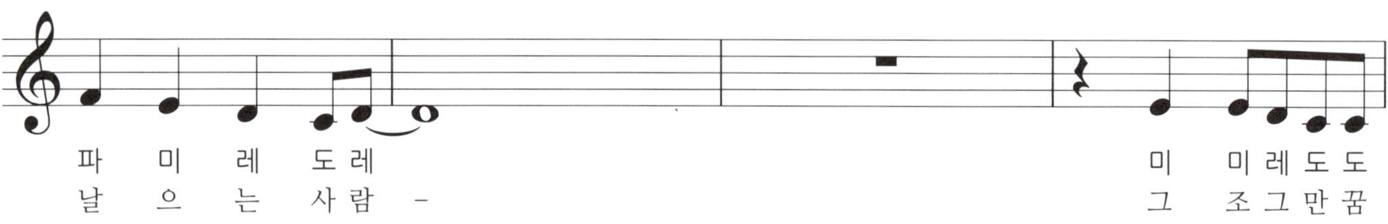
파 미 레 도레 미 미레도도
날 으 는 사람 - 그 조그만꿈

NO COPY

솔
을 -
미미미미미솔 미
잇어버리고산 건 -
도레미도
내가너무
파 미 레 도레
커 버 렸 을때 -
도레도
하지만
미 미 레 도
괴 로 울땐
미 미 레 도
아 이 처 럼
라미레미 레
뛰어놀고싶
도
어
도레미파 파 파미레라 라 라라솔미솔
조그만 나 의 꿈들을풍 선 에가득싣고 -
D.C. al Fine

시도레 운지법

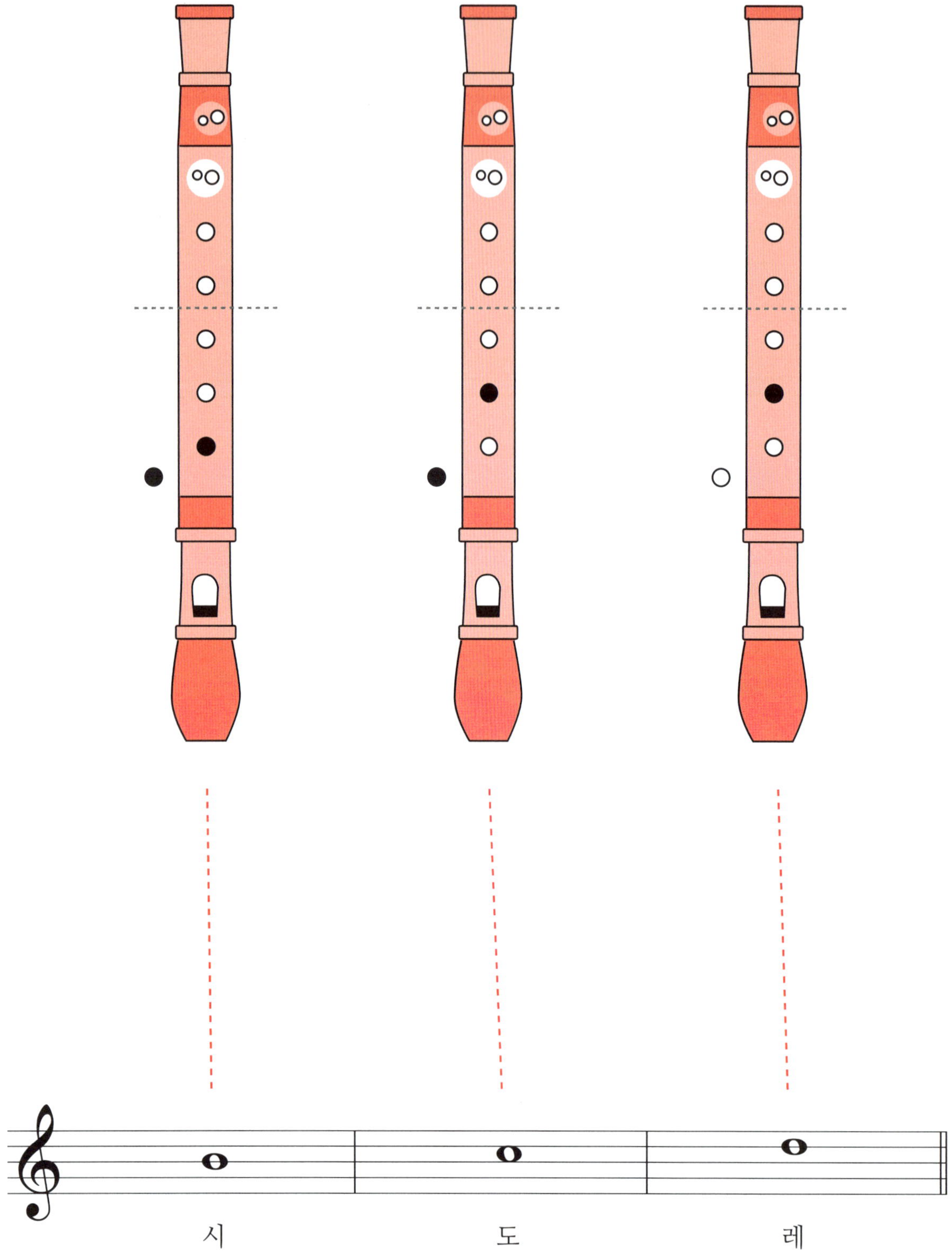

시
도
레

시도시도

시 도 시 도
시 도 시 도 시 도 시 도
시 도 시 도 시 도 시 도 도 시 도 시 도 시 도 시

시도레도

시 도 레 도
시 도 레 도 시 도 레 도
시 도 레 도 시 도 레 레 도 시 도 시 도 레
시 레 도 레 시 레 도 레 시 레 도 시 레 도 시

더 알아보기

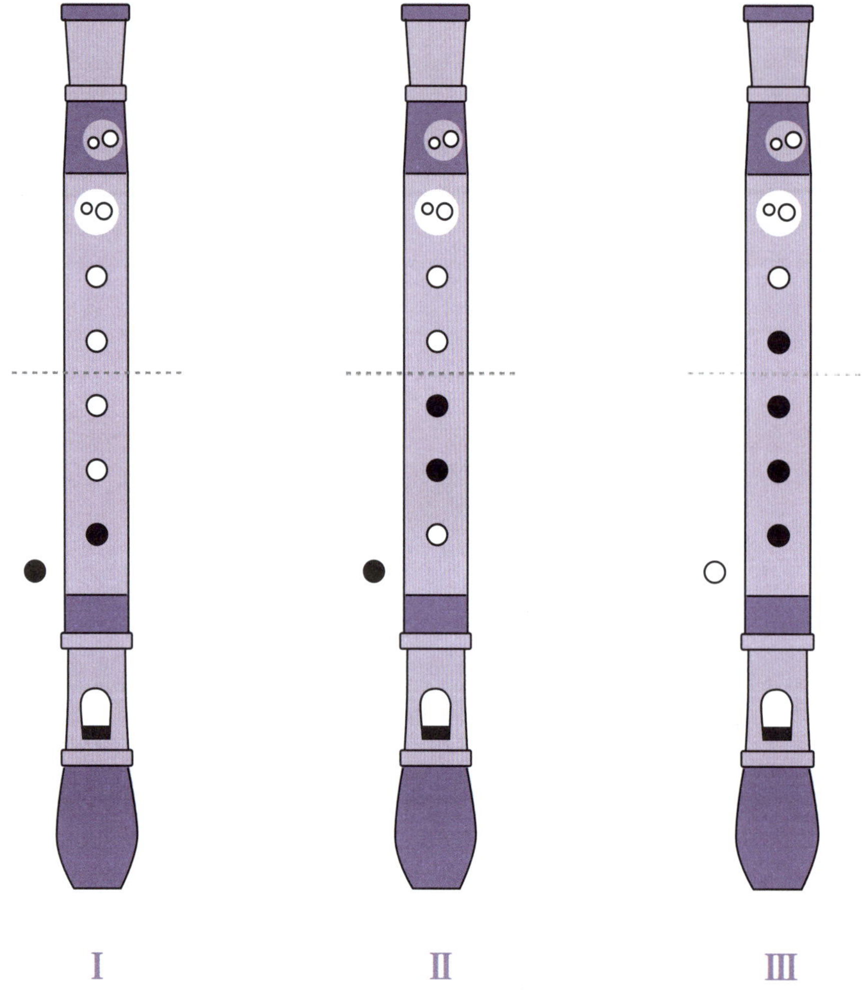

속주를 하거나 트릴을 할 때 손가락의 움직임을 쉽게 하기 위해서 바꿈 운지를 사용할 수 있습니다.

스와니강

작사 · 작곡 Stephen Foster

미   레 도 미 레 도 도 라 도   솔   미 도 레
머   나 먼 저 곳 스 와 니 강 물   그   리 워 라

미   레 도 미 레 도 도 라 도   솔 미 도 레 레 도
날   사 랑 하 는 부 모 형 제   이 몸 을 기 다 려

시   도 레 솔 솔 라 솔 도   도 라 파 라   솔
이   세 상 에 정 처 없 는   나 그 네 의   길

미   레 도 미 레 도 도 라 도   솔 미 도 레 레 도
아   그 리 워 라 나 살 던 곳   멀 고 먼 옛 고 향

올라가는 눈

작사 · 작곡 작자미상

솔 라 시 도 레   레 도 시 라 솔   라 라 라 라 라 도 시 라 솔 시 레
올 라 가 는 눈   내 려 오 는 눈   빙 글 빙 글 돌 - 려 서 여 우 눈

솔 라 시 도 레   레 도 시 라 솔   라 라 라 라 도 시 라 솔 솔 솔
올 라 가 는 코   내 려 오 는 코   빙 글 빙 글 돌 - 려 서 돼 지 코

얼굴 찌푸리지 말아요

작사 · 작곡 최창언

퍼프와 재키

작사 박수진
작곡 외국곡

Moon River

작사 · 작곡 Henry Mancini, John Mercer

시 라 솔 파 솔 도 레 미
such a lot of world to see – We're

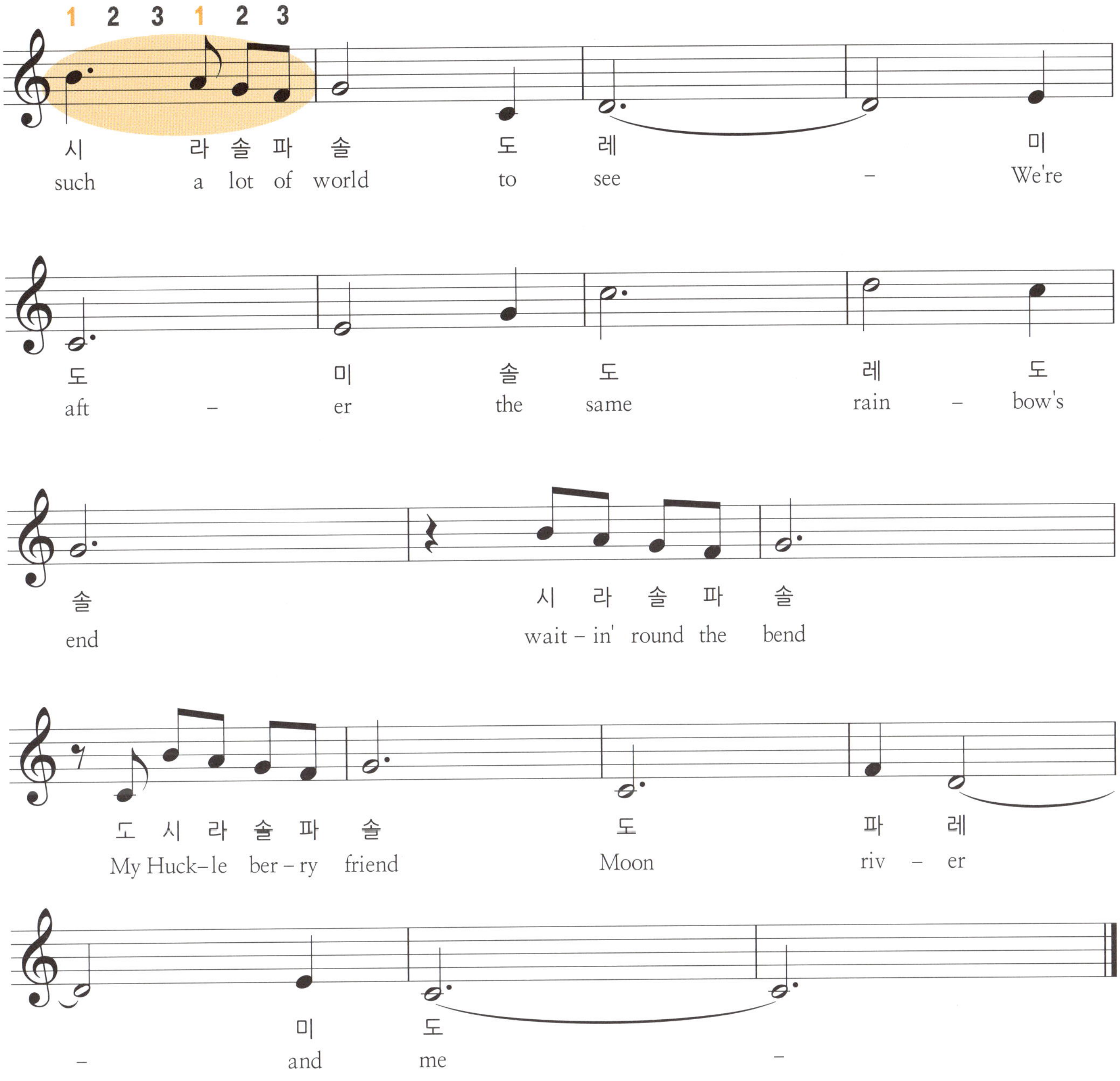

도 미 솔 도 레 도
aft – er the same rain – bow's

솔 시 라 솔 파 솔
end wait – in' round the bend

도 시 라 솔 파 솔 도 파 레
My Huck–le ber–ry friend Moon riv – er

미 도
– and me –

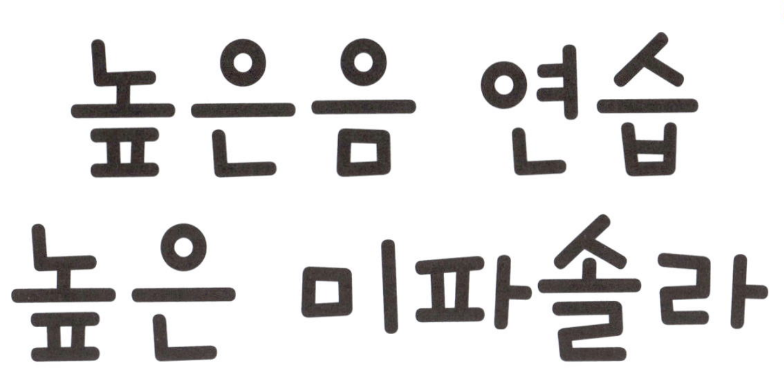

높은음 연습
높은 미파솔라

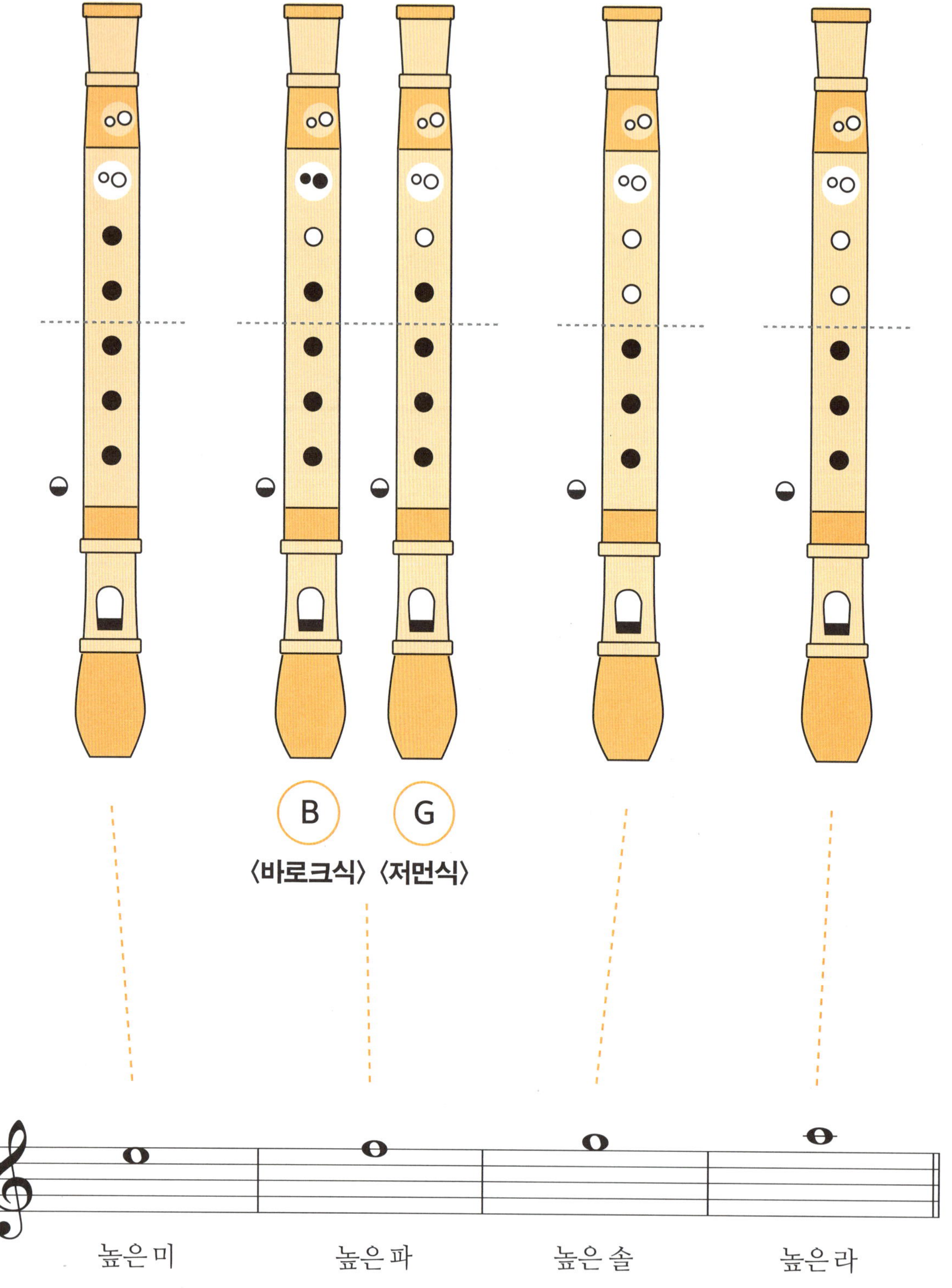
B
G
〈바로크식〉〈저먼식〉
높은미
높은파
높은솔
높은라

더 알아보기

써밍(Thumbing)

높은 미 ~ 높은 높은 도 음을 연주할 때 왼손 엄지 손가락을 구부려 구멍의 80~90%만 막는 것을 말합니다.
높은 음을 연주할 때는 호흡을 더욱 세게 불어야 명확한 소리가 납니다.
써밍(Thumbing)연습을 부지런히 하여 더욱 다양한 곡을 마스터해 보아요!

※ 전 페이지의 써밍 운지 참고하기

Tip! 처음에는 느린 템포로 연습해 보기   ♩=60 〈메트로놈〉

흔들리는 꽃들 속에서 네 샴푸향이 느껴진거야

작사 · 작곡 장범준

미미미 미 미 레 레 미미
흔들리 는 꽃 들 속 에서

솔 솔라 라 라 라 솔미 파미
네 샴 푸 향 이 느 껴 진 거야

미미 파 파 파라 솔
스쳐 지 나 간걸 까-

파 미 파 미레레 도 도도
뒤 돌 아 보지만-- 그냥

도도도라 라 도 도레레
사람들만 보 이 는거야

미미미 미 미 레 레미미
다와가 는 집 근 처 에서

솔솔 솔 라 라 라 라 솔 미 파미
괜히 핸 드 폰 만 만 지 는 거야

미미 파 파 파라솔
한번 연 락 해볼까-

솔 솔 미 솔 시시 라 라시
용 기 내 보 지만-- 그냥

도 도 도 라 라 도 도 레레
내 마 음 만 아 쉬 운 거야

솔솔솔라도 미 미 레레미 레 도 라
걷다가보면 항 상 -이렇게 너 -를 바라

미미레 미 레 도 라 미미미 레 도 레
만 보 던 너 -를 기다린 다 고 말

도 미 솔솔솔라도 미 미 레레미 레 도 라
할 까 지금집앞에 계 속 -이렇게 너 -를 아쉬워

미미레 미 레 도 라 미미미 레 도 도
하 다 너 -를 연락했 다 할 까

학교 가는 길

작곡 김광민

솔   솔솔파미파 솔   시도 라 시도솔 시도 파 파미레 미파

솔 솔 도 레미 파미레도레 미파 솔 시 시라솔미 미 레도레

도 도시라 라 솔 솔 솔 솔 솔 시 도 라 라

라 라 미레도 미 도 도 솔 라 라시 도 레 솔

도 도시라 라 솔 솔 솔 솔 솔 시 도 라 라

라 라 미레도 미 도 도 솔 라 라시 시 도

걱정말아요 그대

작사 · 작곡 전인권

더 알아보기

셋잇단음표(Triplet)

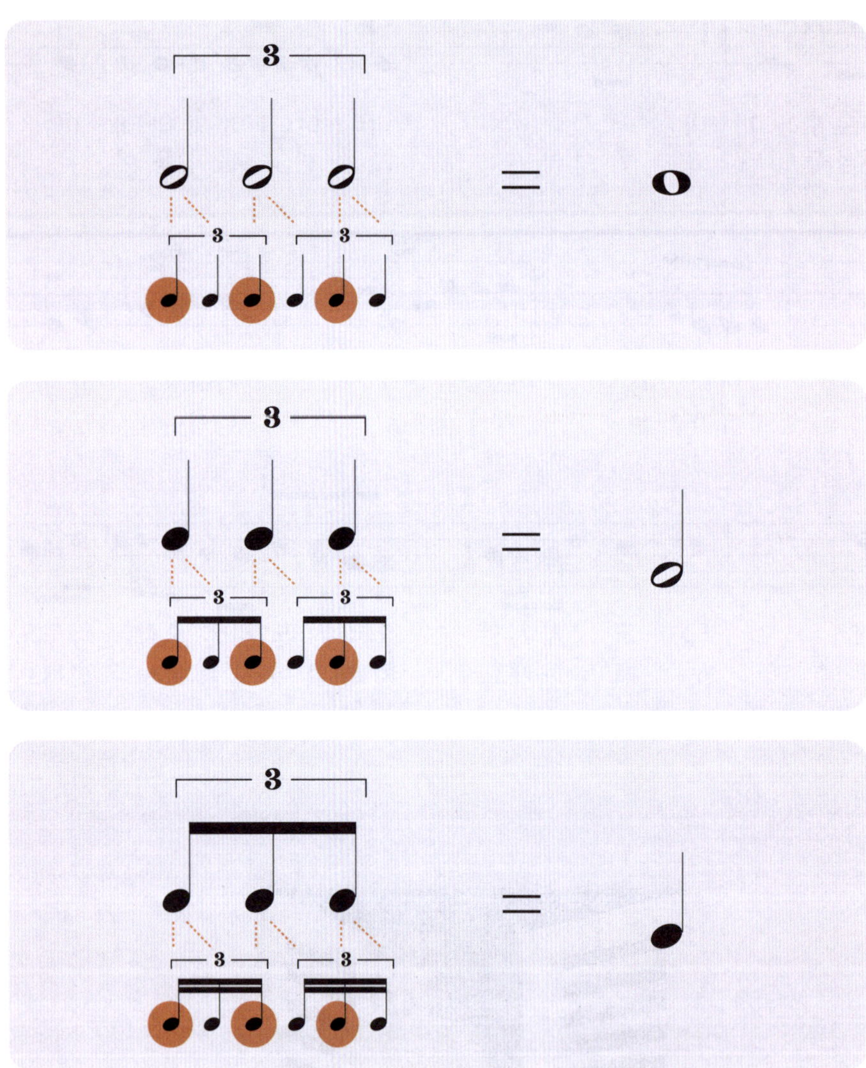

셋잇단음표는 본래의 음길이를 정확히 3등분 한 음표를 뜻합니다.
단, 2등분이 가능한 음표에서만 적용이 가능합니다. 예를 들어 온음표는 두 개의 2분음표로 나눌 수 있지만,
2분음표로 이루어진 셋잇단음표의 길이와도 같습니다.

나는 나비

작사 · 작곡 박태희

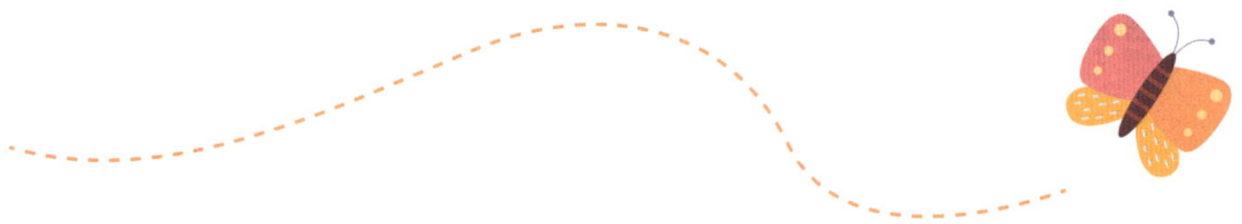

NO COPY

미   도   파 파 솔 도   도 레 도
나   는   상 처 많 은   번 데 기

라 솔   솔 미   레   도 솔 레   미
추 운   겨 울   이   다 가 와   힘

파 미 도 도   도 레 도   라 솔   솔 미   레   도 솔 레
겨 울 지 도   놀 – 라   봄 바   람 이   불   어 오 면

도 레   파 미 도 도   레 도   파 파   솔 솔
이 제   나 의 꿈 을   찾 아   날 아   날 개

솔　　솔파　미레　　　　　도　레　미　　솔　　솔레도
를　　활짝　펴고　　　　　세　상　을　　자　유롭게

레 도 도　　솔솔 솔　　솔파　미레　　　　도시 라　라 라 솔
날 거 야　　노래 하　　며춤　추는　　　　나는 아　름 다 운

솔　라　　레도 도　　솔
나　비　　워우 워　　우 –

레도 도　　솔
워우 워　　우 –

할아버지의 시계

작사 · 작곡 Henry Clay Work

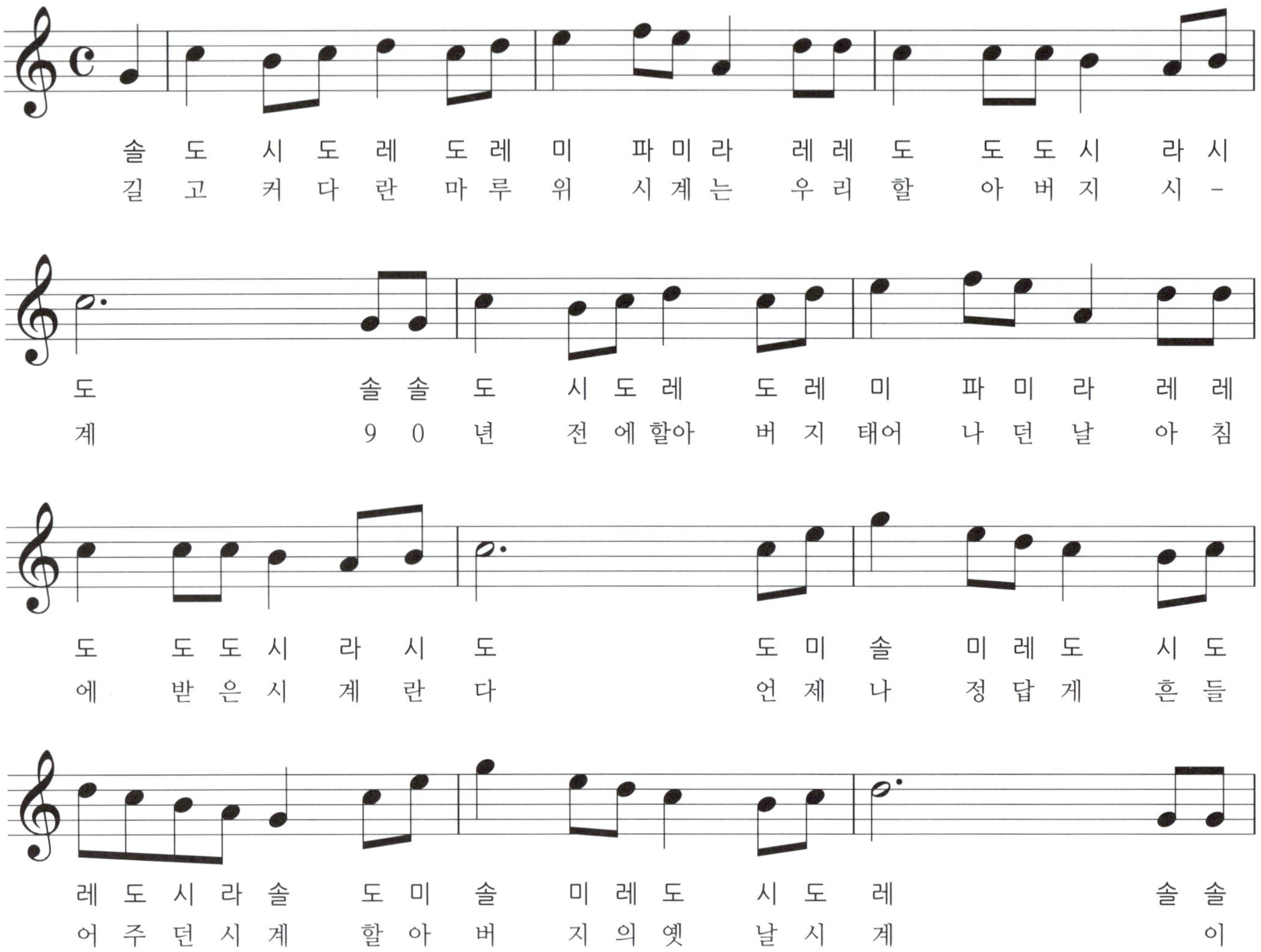

도 레 미미파미라 레레도 시
젠 더 가 - 질않네 가지를 않

도 솔솔 도 솔솔라 라솔 미 솔 미 솔솔
네 9 0 년 동안 쉬 지않고 똑 딱 똑 딱할

도 솔 솔 라라솔 미 솔 미 솔솔 도 레
아 버 지 와함께 똑 딱 똑 딱이젠 더

미미파미라 레레 도 시 도 미미파 솔파미
가 - 질않네 가지 를 않 네

Hype Boy

작사 GIGI, 하니, Ylva Dimberg
작곡 250, Ylva Dimberg

NO COPY

미 레 레 레 레미레 레 레   미 레 레미레미   도
I just want you Call my phone right now   I just wanna hear you're mine   'Cause

미 미 레 도   도 도 도 레 솔   도
I – – – –   know what you like boy   You're

미 미 레 도   도 도 도 레 솔
my – – – –   che-mi-cal hype boy

도 레 미 레 도도   시 도 레 레 도 솔 미
내 지–난 날 들은   눈 뜨–먼 잊 는꿈 –

미 미 미레미레   미 미 미레미레   라 라 시 도
Hype boy 너만원해   Hype boy 내가전해   And we can go

도 도 도 도 도라   라 시 도   시 시시시 레   도 라 시 도
high ah ah ah ah –   말해봐   yeah 느껴봐 mm   mm Take him to

도 도 도 도 도 라   미 미   미 솔   라 라   시 도   라 시 도
the sky ah ah ah –   You know –   I hype–   you boy – – –   눈 을 감

도 도 도 도 도 라   라 시 도   시 시 시 시 레   도   라 시 도
아 ah ah ah ah –   말 해 봐   yeah 느 껴 봐   mm – mm   Take him to

도 도 도 도 도 라   미 미   미 솔   라 라
the sky ah ah ah –   You know   I hype   you boy –

1.
라 솔 라 솔 라   라 솔 라 솔 라
잠 에 들 려 고   잠 에 들 려 해

솔   라 솔 라 솔 라   라 솔 라 솔 라   솔   라 솔 라 솔 라 라 솔 라 솔 라
도   네 생 각 에 또   새 벽 세 시 uh   oh   알 려 줄 거 야 they can't have you no

파   라 솔 라 솔 라   라 솔 라 솔 도   시   라 도 시 라
more   봐 봐 여 기 내   이 름 써 있 다   고   yeah – – –

시 도 도 도 도 시 시   시 시 시 시 시 라 라   라 라 라 라 라 솔 라
누가 내게 뭐라든   남들과는 달라 넌 May-be you could be the one

도   도 도 도 시 시   라 시 시 시 시 라 라   라 라 라 라 라 솔 라 미
날   믿어봐 한번 I'm not looking fot just fun May-be I could be the－one   Oh

미 레   솔 솔 솔 솔 라   미 솔   솔 솔 솔 솔 레
ba-by   예민하－대나 late-ly   너 없이－는매일

시 솔   솔 미   레   라   솔 라   솔 레   도 도
매일 이 yeah－ －   재   미 없 어 어 쩌 지

미 레 레 레 레 미 레 레 레   미 레 레 미 레 미   도
I just want you Call my phone right now I just wanna hear you're mine   'Cause

2.

71

불장난

작사 Teddy
작곡 Teddy, R.Tee

미 미 미　도 도 도　솔
Look at me　look at me　now
레 미 미 미 도　도 도 레 레 레 레 솔
이 렇 게 넌 날　애 태 우 고 있 잖 아

미　솔　라　도 솔 미 미 미 라 레　레 도　도　　도 라 도 라
끌　수　없　어 우 리 사 랑 은 불　장 - 난　　oh oh oh oh

라 미 레 레 레　미　　라 라 라 라 라　레　레 도
My love is on fire - -　　Now burn baby burn　불 장 -

도　　도 라 도 라　　라 미 레 레 레　도 시 라　　라 라
난　　oh oh oh oh　　My love is on fire - - - -　　So don't

라 라 라 라 레　레 도 도　미　미　미　파 파 파 파 미 레 도 레 미
play with me boy 불 장 - 난　Oh no　난　이 미 멀 리 와 버 렸 는 걸

미 미 미　미　파 파 파 파 미 레 도 레 미
어 느 새　이　모 든 게 장 난 이 아 닌 걸

미 미 미 미 미　미 미 미
사 랑 이 란 빨 간 불 – 씨
미 미 미 미 미　미 미 미 미 미 미　미 미 미 미
불 어 라 바 람 더 커 져 가 는 불 – 길 이 게

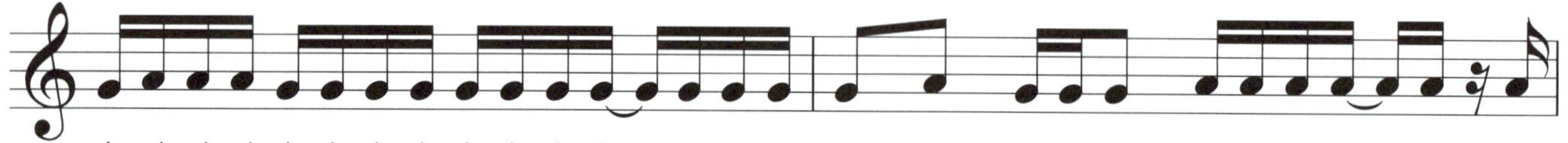
솔 라 라 라 솔 솔 솔 솔 솔 솔 솔 솔　솔 솔 솔 솔 라　솔 솔 솔 라 라 라 라 라 라 라
약 인 지 독 인 지 우 리 엄 마 도 몰 – 라 내 맘 도 둑 인 데 왜 경 찰 도 몰 – 라 불

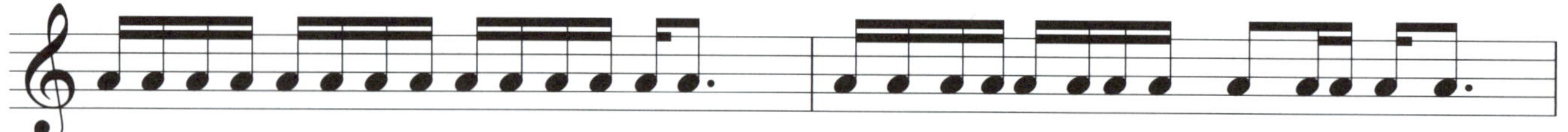
라 라 라 라 라 라 라 라 라 라 라 라 라 라 라 라　라 라 라 라 라 라 라 라 라 라 라 라 라 라
붙 은 내 심 장 에 더 부 어 라 너 란 기 름 kiss him will I diss him I don't know but I miss him

미　미 미 미 미 미 미 미 미　미 미 솔　레 미　미 미 미　미 미 미　　미
중 독 을 넘 어 선 이 사 랑 은 crack 내 심 장 의 색 깔 은 black ah!

도 라 도 도 도 라 레 레 레 도 시 라 시 도 도 라 도 도 도 라
멈 출 수 없 는 이 떨 림 은 On and on and on 내 전 부 를 너 란

레 레 레 레 레 미 솔 미 레 레 도 미 미 미 도 도 도 솔 레 미 미 미 도 도 도 레 레 레 레 레 솔
불 길 속 으 로 던 지 고 싶 어 – Look at me look at me now 이 렇 게 넌 날 애 태 우 고 있 잖 아

NO COPY

미 도 레 솔 솔 미미미라레 레 도 도 도 라 도 라
끌 수 없 어 우 리 사 랑 은 불 장 - 난 oh oh oh oh

라 미 레 레 레 미 라 라 라 라 라 레 레 도
My love is on fire - - Now burn baby burn 불 장 -

도 도 라 도 라 라 미 레 레 레 도 시 라 라 라
난 oh oh oh oh My love is on fire - - - - So don't

라 라 라 라 레 레 도 도 파 라 도 시 솔 미 레 미파
play with me boy 불 상 - 난 걸 집 을 수 가 없 는 걸 -

미 도 도 도 레 레 레 도 미 레 레 도 레 도 라 라 라 라
- 너 무 나 빨 -리 퍼 -져 가 - 는 이 -불 길 - - - 이 런 날

시 솔 미 레 솔 레 레 레 도 라 솔 미 레 도 레 미 미 미 레 솔 라
멈 추 -지 -마 이 사 랑 이 - 오 늘 밤 을 태 워 버 리 -게 - whoo -

𝄋 세뇨(Segno)

D.S. 달세뇨(Dal Segno) ········· 세뇨로 돌아감

D.C. 다카포(Da Capo) ········· 곡의 처음으로 되돌아감

⊕ 코다(Coda)

To Coda 투코다(To Coda) ········· *Coda*로 가세요

Fine 피네(Fine) ········· 곡을 끝마침

D.S. al Fine 달세뇨 알 피네 (Dal Segno al Fine) ······ 세뇨로 돌아가서 *Fine*에서 끝마침

창밖을 보라

작사·작곡 Mitchell Tableporter, Lew Porter

Dynamite

작사·작곡 Jessica Agombar, David Stewart

도 라 솔 파 미 미 레 도 도   도 도 도 라 솔 파 미 도 레
'Cause I   I   I'm in the stars – to-night   So watch me   bring the fire and set the night

도 도
– a-light

도 도 도 도 도 라 도 도 라 도 도 도 라 도
Shoes on get up in the morn' Cup of milk let's rock and roll –

도 도 도 라 도 도 라 도 도 라 도 라 도
King kong kick the drum – roll-ing on like a Roll-ing stone –

도 도 도 라 도 라 도 도
Sing song when I'm walking home – Jump

도 도 도 미 라 라 솔
up to the top le-Bron –

도 도 도 도 도 도 도 도
Ding dong call me on my phone – Ice

도 도 라 도 라 도 라
tea and a game of ping pong

도 라 도 라 도 라 도 라 도 라 도 도 도 도 라
This is get-ting heav-y Can you hear the bass boom – I'm read-y

도 라 도 라 도 라 솔 도
Life is sweet as hon-ey yeah this

도 도 솔 솔 솔 솔
beat cha shing – like mon ey

도 도 도 라 도 도 라 도 라 도 도 도 라 도 도
Dis – co o-ver load – I'm – in-to that – I'm good to go – I'm

도 레 도 도 라 도 라 솔
dia – mond you know I glow – up –

도 라 솔 파 미 미 레 도 도 도 도 도
'Cause I I I'm in the stars – to-night   So watch me

라 솔 파 미 도 레 도 도 솔 라 도 레 미 파 미 파 솔
bring the fire and set the night – a light – Shin – ing through – the cit – y with – a lit

솔 솔 솔 솔 레 미 도 도 도 라 솔 파 미 레 도 도 도 솔 도
– tle funk – and soul – – – So I'm a light it up like dy – na-mite woah – –

Fine

도 도도도 도도 도도 도 도도 도 도 라도 도 미 도 도도도 도도 도도 도 도도
Dyn n nna n na– nna na n n na life is dy–na–mite Dyn n nna n na– nna na n n

도 도라도 도미 솔 라 도 레미 파미 파솔 솔솔 솔솔 레미도도도
na life is dy–na–mite Shin – ing through – the cit – y with – a lit – the fink – and soul – – – So I'm a

라 솔 파 미 레 도 도 도 솔 도 도 도도도 도도 도도 미 도도도도도 도도 라솔
light it up like dy – na-mite woah – – Dynn nna n na– nnaayy Dynn nna n na– nnaayy–

도 도도도 도도 도도 미 라 솔솔 레 도 도 도 도도도 도도 도도 미
Dyn n nna n na– nna ayy light it uplike dy– na – mite Dyn n nna n na– nna ayy

도 도도도 도도 도도 라솔 도 도도도 도도 도도 미 라 솔솔 레 도 도 도
Dyn n nna n na– nna ayy– Dyn n nna n na– nna ayy Light it up like dy–na–mite Cause

D.S. al Fine

반음 연습

여러가지 반음 운지법

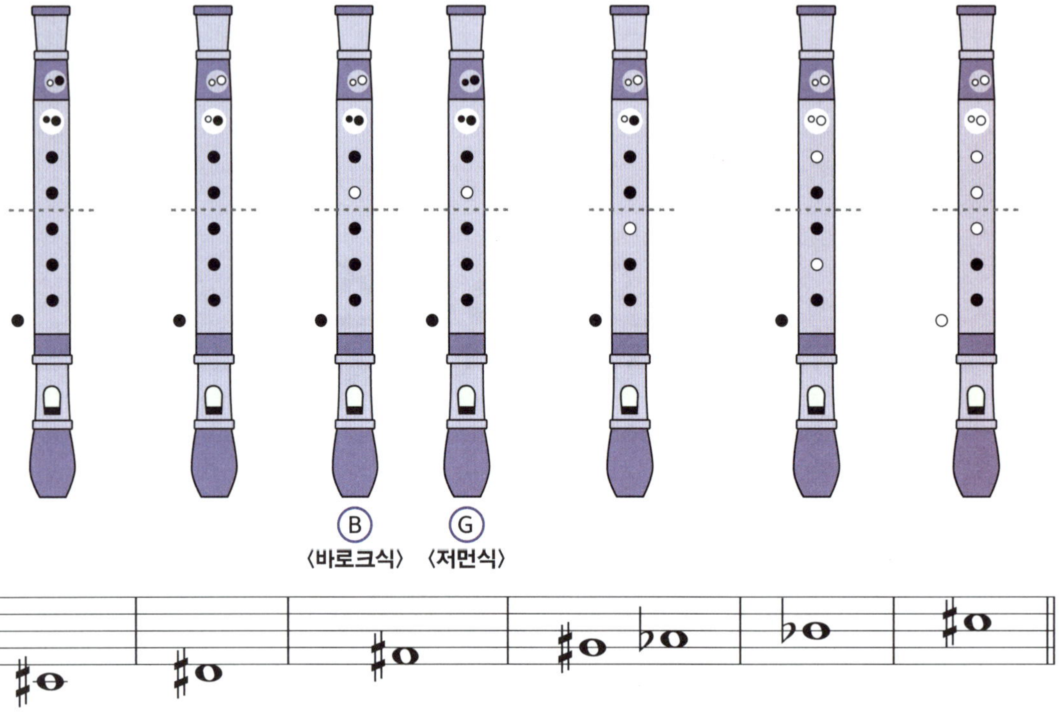

B
〈바로크식〉
G
〈저먼식〉

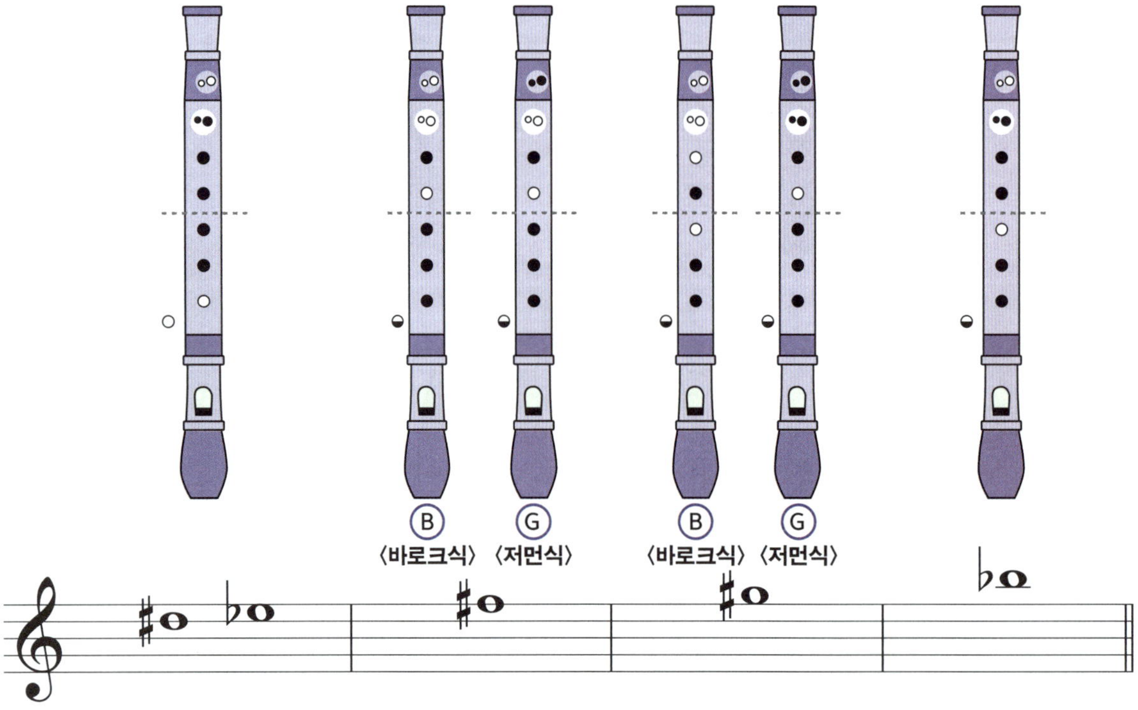

B
〈바로크식〉
G
〈저먼식〉
B
〈바로크식〉
G
〈저먼식〉

파♯ 운지법

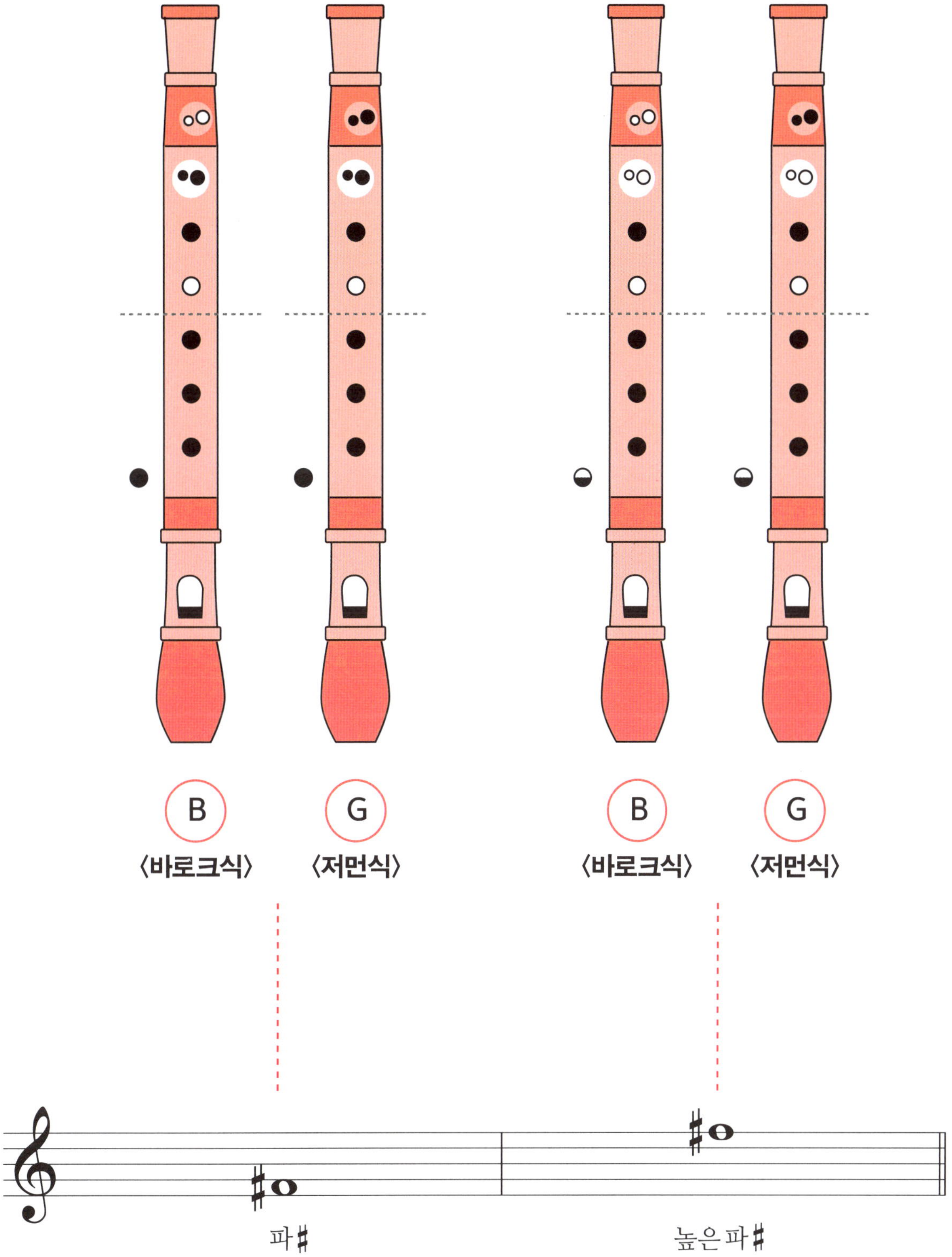

B
G
바로크식
저먼식
B
G
바로크식
저먼식
파♯
높은파♯

사계 중 '봄'

작곡 Antonio Vivaldi

* 반음운지 참고하기

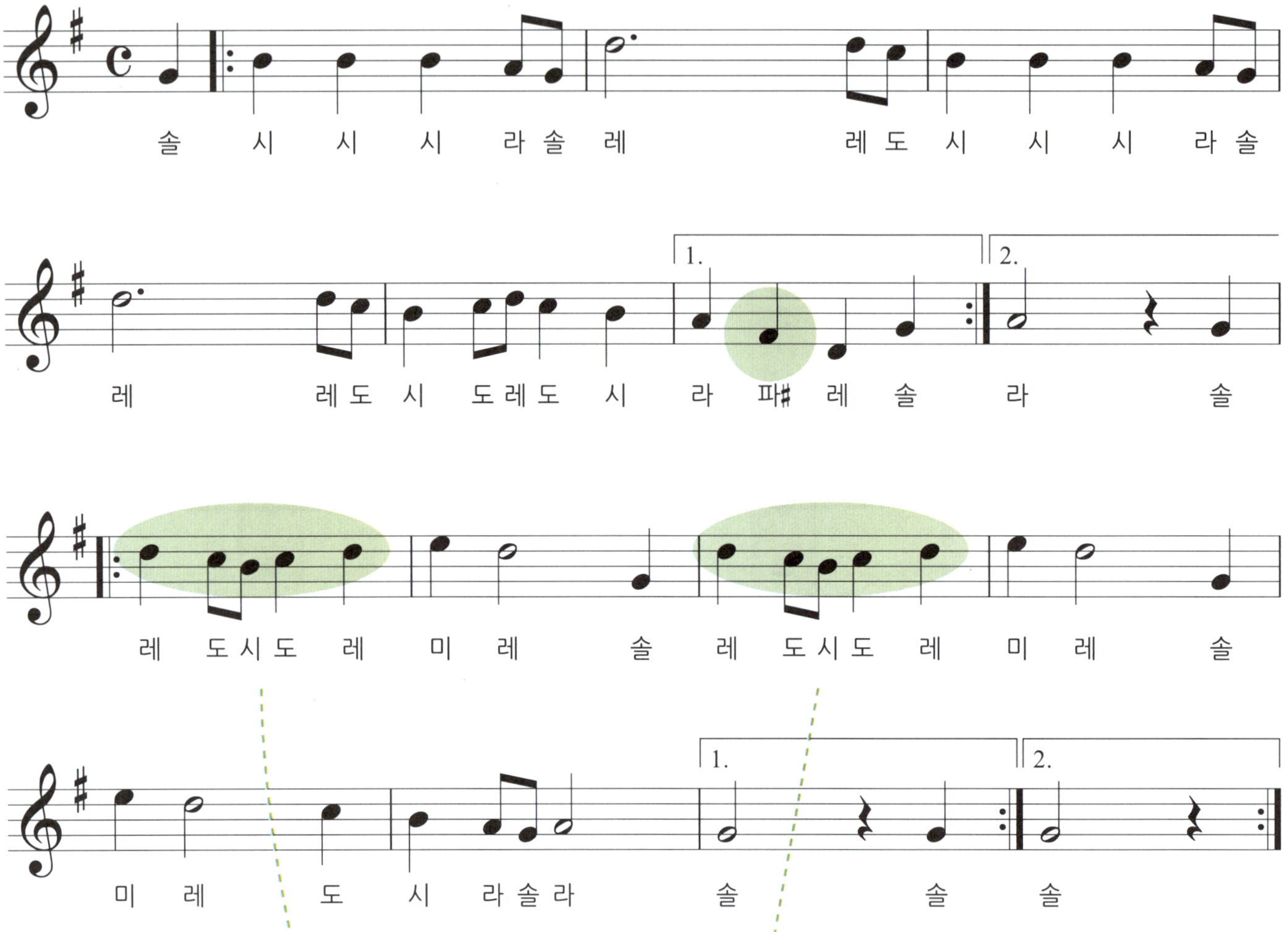

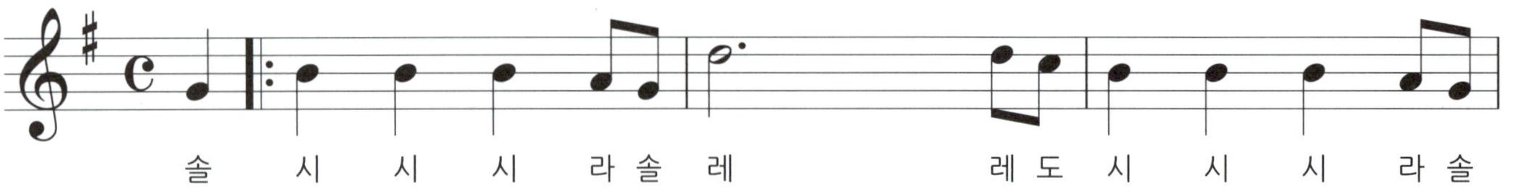

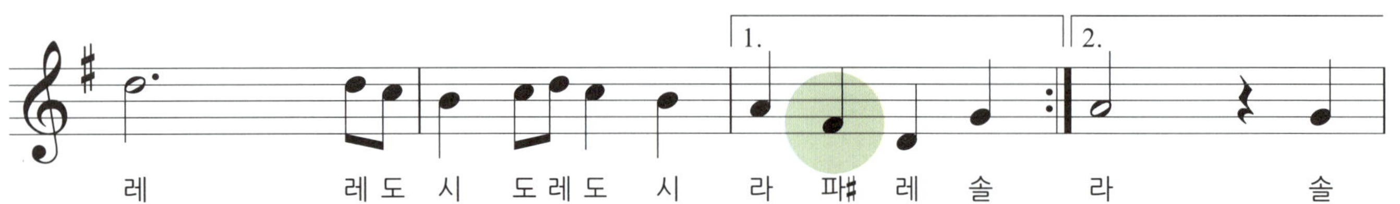

Practice!

도-시-도 빠르게 변화될 경우 '시' 바꿈 운지로 연주해 봅시다.

P.48 참고 <시 바꿈운지>

꼬부랑 할머니

작사·작곡 한태근

✳ 반음운지 참고하기

더 알아보기

도돌이표(Repeat)

특정 부분을 반복할 때 사용하는 기호이며,
문자로는 세뇨(𝄋), 다카포(***D.C.***), 달세뇨(***D.S.***) 등으로 나타낼 수 있습니다.
아래의 예시를 잘 살펴봅시다.

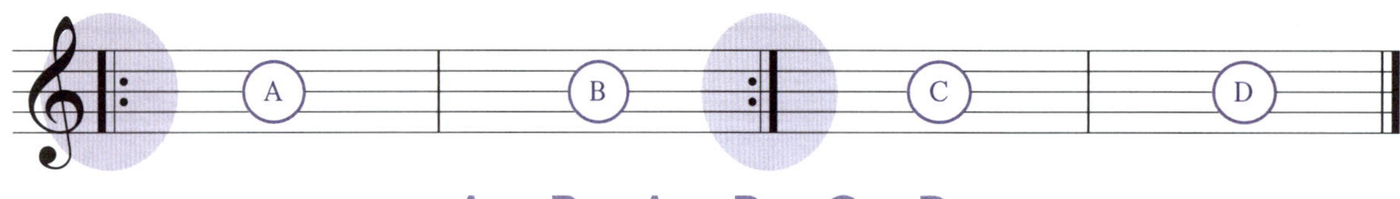

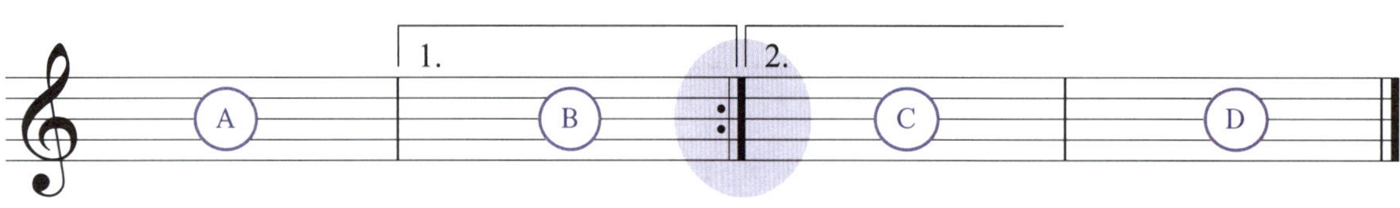

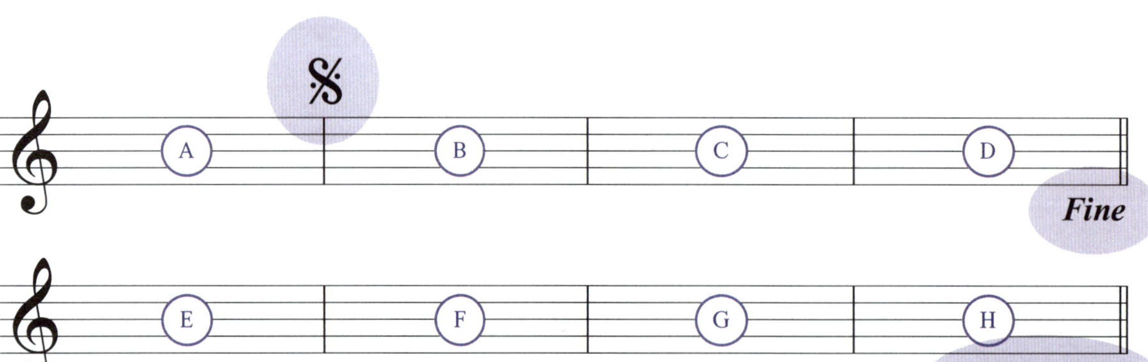

환희의 송가

작곡 Ludwig Van Beethoven

시 시 도 레 레 도 시 라 솔 솔 라 시 시 라 라

시 시 도 레 레 도 시 라 솔 솔 라 시 라 솔 솔

라 라 시 솔 라 시 도 시 솔 라 시 도 시 라 솔 라 라

시 시 도 레 레 도 시 라 솔 솔 라 시 라 솔 솔

상어 가족

작사·작곡 작자미상

반음운지 참고하기

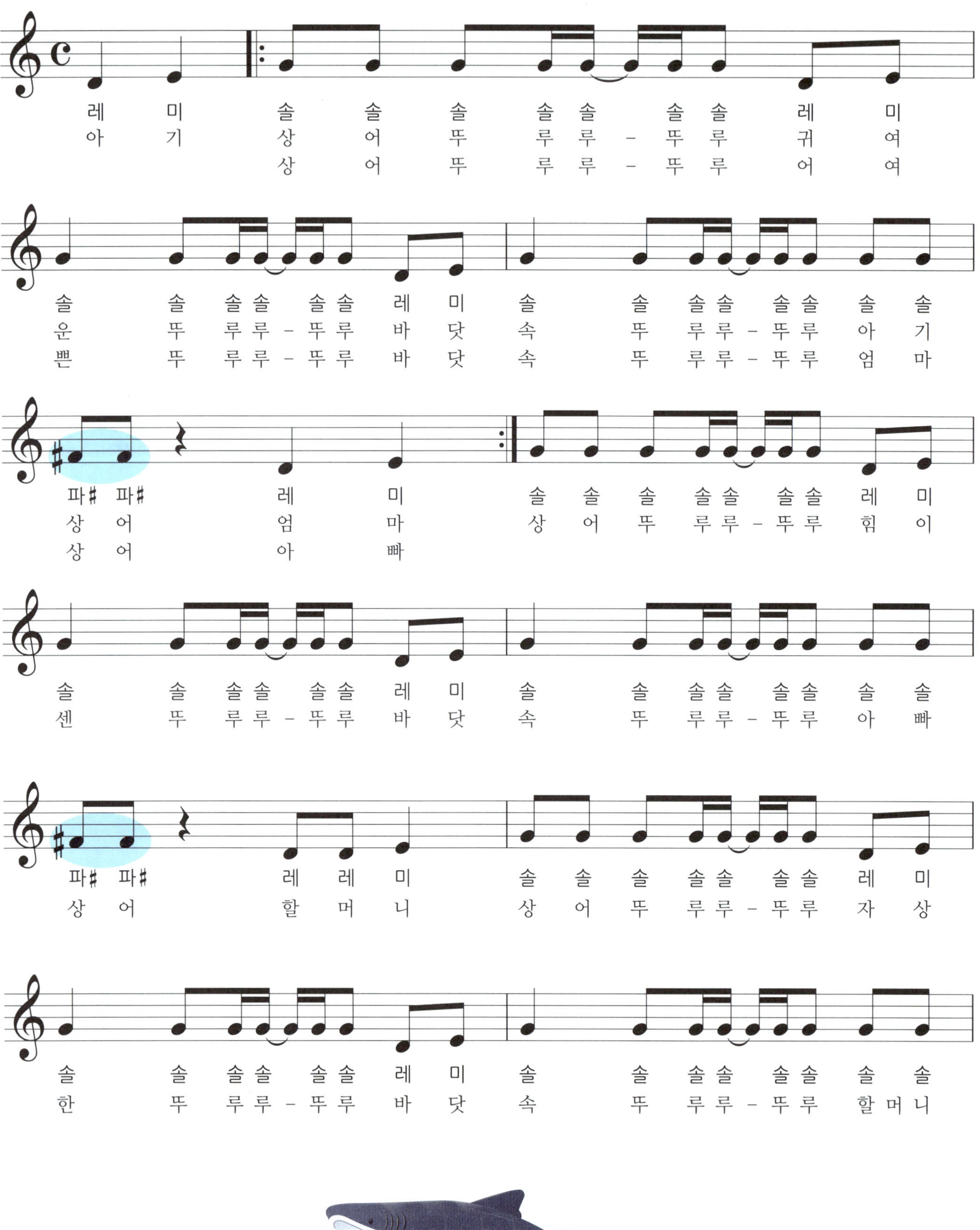

파# 파#   레 레 미 미   솔 솔 솔 솔솔 솔솔 레 미
상 어   할 아 버 지   상 어 뚜 루루-뚜루 멋 있

솔   솔 솔솔 솔솔   레 미 솔   솔 솔솔 솔솔 솔 솔
는   뚜 루루-뚜루   바 닷 속   뚜 루루-뚜루 할아버지

파# 파#   레   미   솔   솔 솔솔 솔솔 레 미
상 어   우   리   는   뚜 루루-뚜루 바 다
          다   뚜 루루-뚜루 살 았

솔   솔 솔솔 솔솔   레 미 솔   솔 솔솔 솔솔 솔 솔
의   뚜 루루-뚜루   사 냥 꾼   뚜 루루-뚜루 상 어
다   뚜 루루-뚜루   오 늘 도   뚜 루루-뚜루 살 았

파#파#   레 미   솔 솔솔 솔솔 레 미 솔   솔 솔솔 솔솔 레 미
가 족   상 어   다 뚜 루루-뚜루 도 망 쳐   뚜 루루-뚜루 도 망
다 -   신 난   다 뚜 루루-뚜루 신 난 다   뚜 루루-뚜루 춤 을

솔   솔 솔솔 솔솔 솔 솔
처   뚜 루루-뚜루 숨 자
춰   뚜 루루-뚜루 노 래

1.
파#파#   레 미   솔
으 악   살 았   끝

2.

벚꽃엔딩

작사 · 작곡 장범준

★ 반음운지 참고하기

미 미 파#   레 시 레   레 레 솔   미 솔
- 그 대 와 -   단 둘 이-   손 잡 고 -   알 수

솔 솔 솔 미 솔 라   라 솔 라 시 시   솔 솔 솔 솔 라 시
없 는 이 떨 림 과 -   둘 이 걸 어 요   봄 바 람 휘 날 리

솔   파# 파#파#파#파#솔 라 파#   솔   솔 솔 솔 솔 라 시 미
며   흩 -날 리 는 벚 꽃 잎 이 -   울   려 퍼 질 이 거 리 를

미 레   레 시 시 라 라 시 시   솔 솔 솔 솔 라 시
- 우 우 -   둘 -이- 걸 어 요   봄 바 람 휘 날 리

솔   파# 파#파#파#파#솔 라 파#   솔   솔 솔 솔 솔 라 시 미
며   흩 -날 리 는 벚 꽃 잎 이 -   울   려 퍼 질 이 거 리 를

미 레   레 시 시 라 라 시 시   솔 솔
- 우 우 -   둘 -이- 걸 어 요   오 -예

너의 의미

작사 김찬영
작곡 김창완

★ 반음운지 참고하기

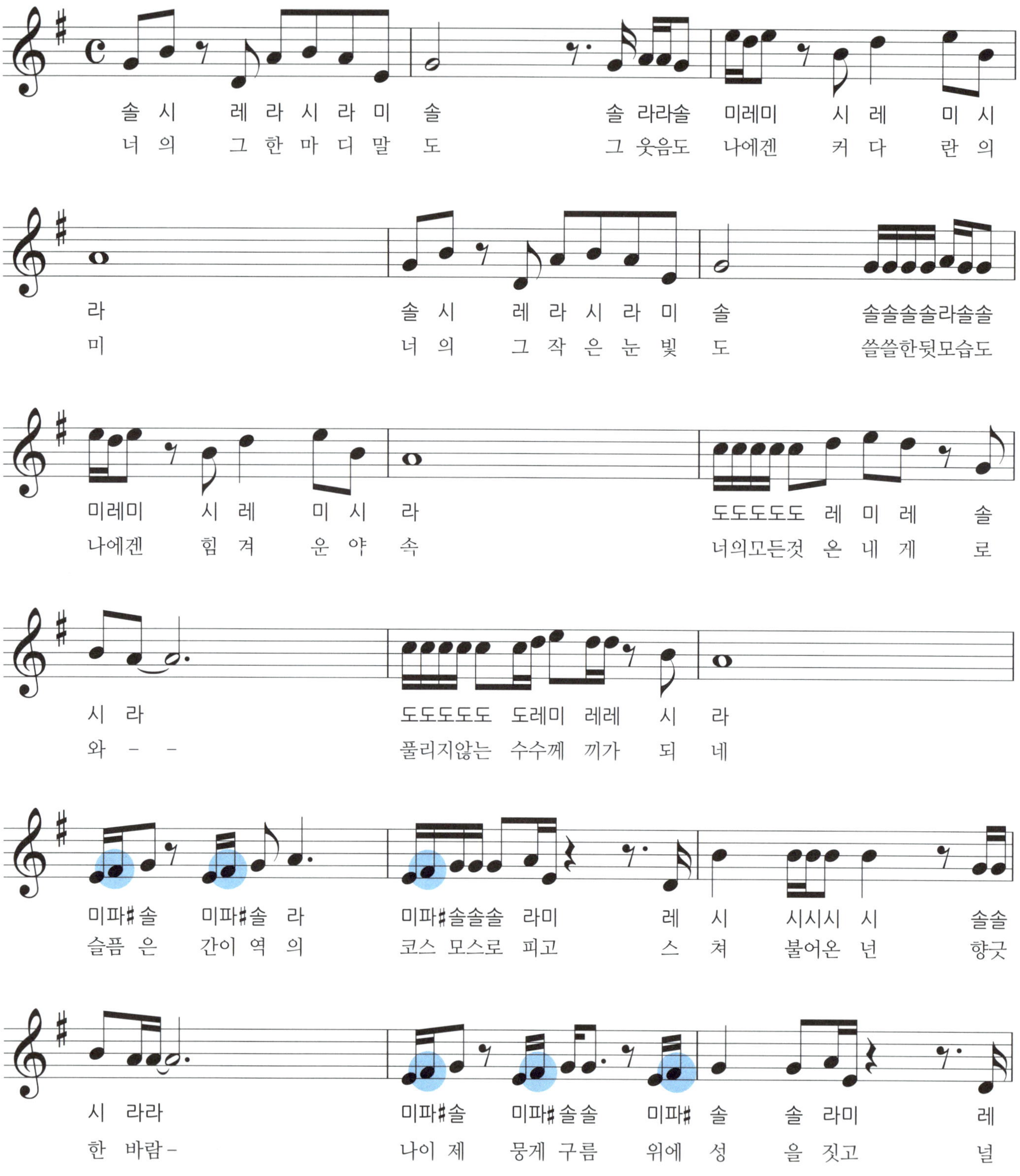

NO COPY

시 시 시시 시 시   솔솔 라시라라
향 해 창을 내 리   바람 드는창을-

미파#솔   미파#솔 라
슬픔 은   간이 역 의

미 파#솔솔솔 라미   레 시   시시시 시   솔솔 시 라라
코스 모스로 피고   스 쳐   불어온 넌   향긋 한 바람-

미파#솔   미파#솔솔   미파#   솔   솔 라미   레 시 시 시시 시 시   솔솔
나이 제   뭉개 구름   위에   성   을 짓고   널 향해 창을 내 리   바람

라시라라   솔 시   레 라 시 라 미   솔   솔 라라솔
드는장을-   너 의   그 한 마 니 밀 도   그 웃음도

미레미   시 레   미 시 라   솔 시   레 라 시 라 미
나에겐   커 다   란의 미   너 의   그 작 은 눈 빛

솔   솔솔솔솔리솔솔   미레미   시 레   미 시 라
도   쓸쓸한뒷모습도   나에겐   힘 겨   운 약 속

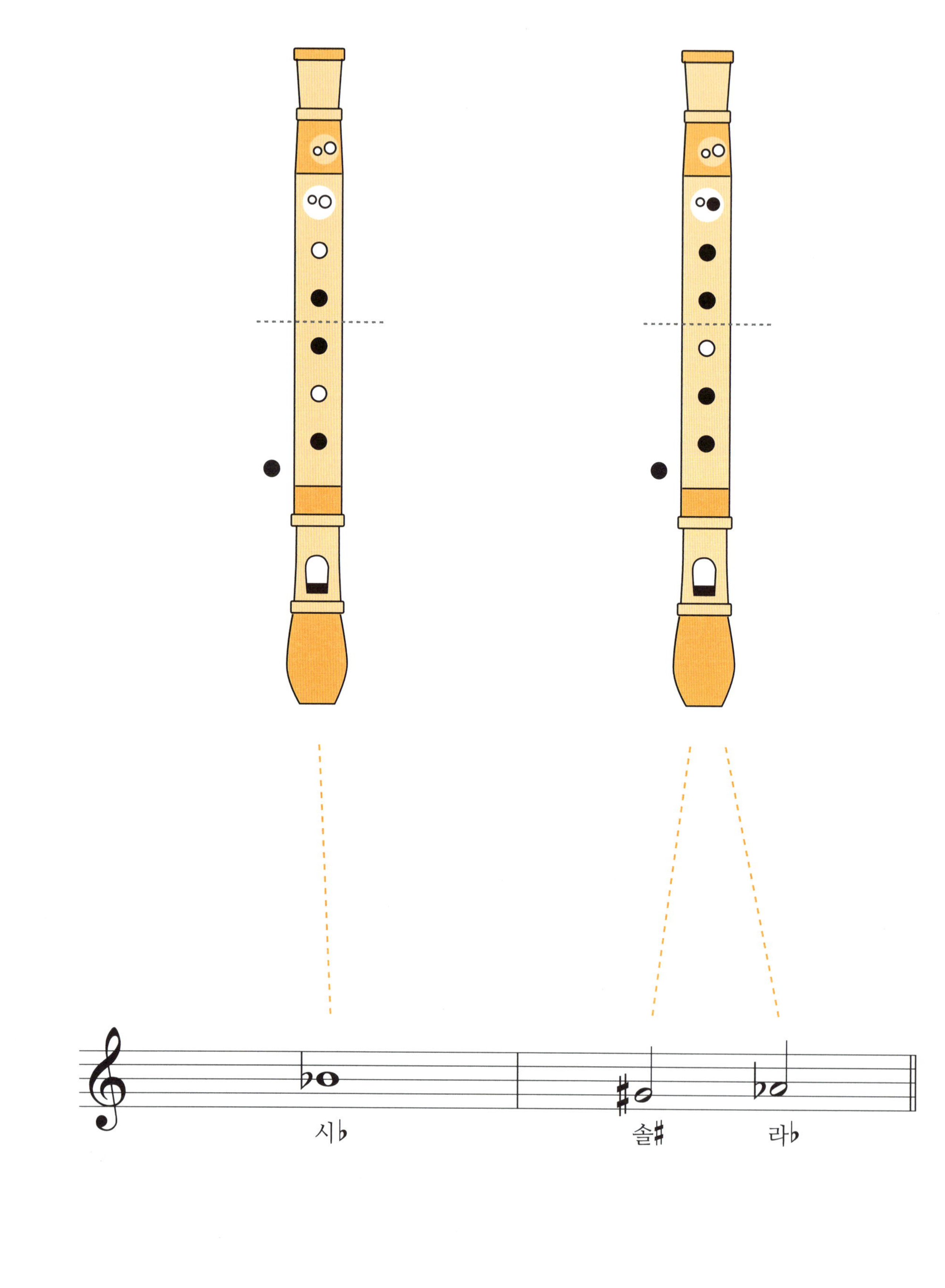
시♭
솔♯
라♭

징글벨

작사 · 작곡 James Pierpont

✱ 반음운지 참고하기

모두 다 꽃이야

작사·작곡 류형선

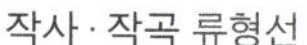

신호등

반음운지 참고하기

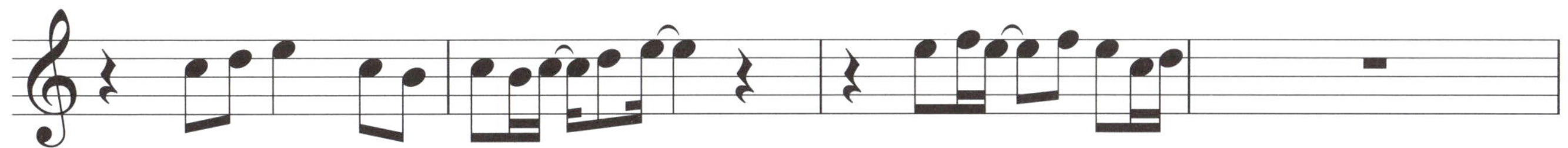

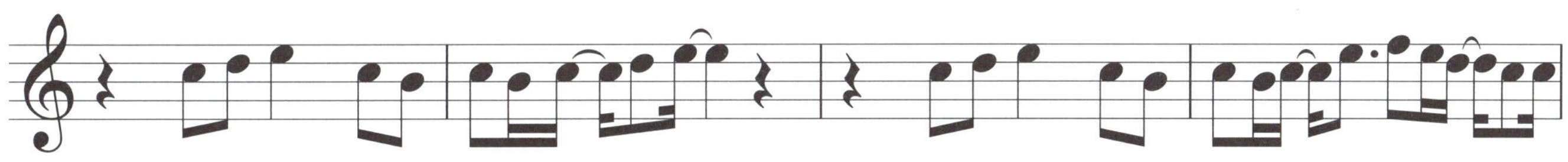

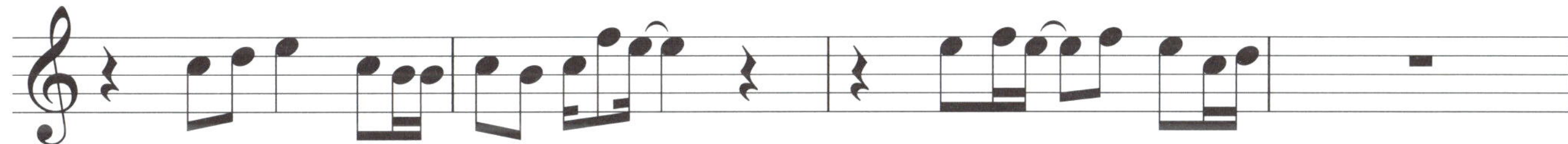

97

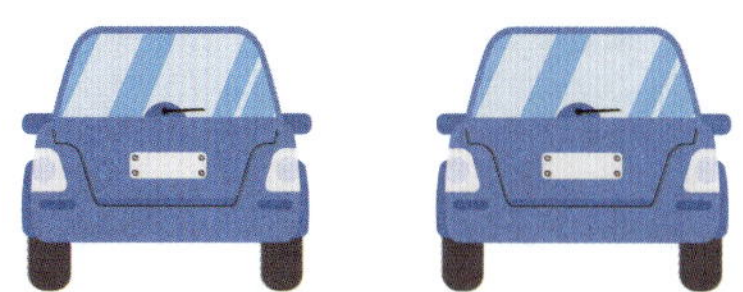

레 레 레 레 도 시   도 시 도 레 미   라 라 라 라 솔 솔 미 솔
멈 췄 다 굴 렀 다 말 은-잘 들 어-   그건 나 도 문 제 가-아 냐

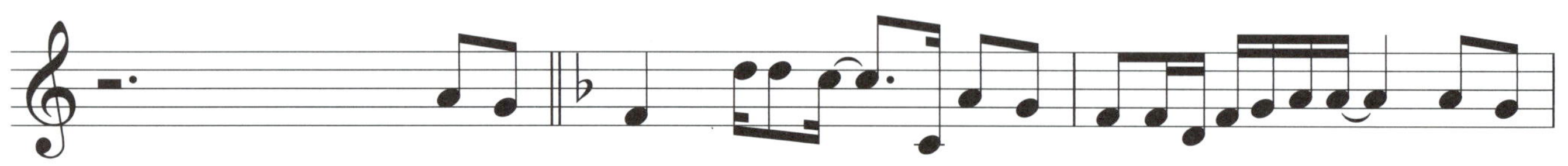

라 솔   파   레 레 도   도 라 솔 파 파 레 파 솔 라 라   라 솔
붉 은   색   푸 른 색- 그 사 이 3 초그짧은시간-   노 란

레   시♭ 시♭ 라 파   도 도 레 레 라 시♭ 라 솔 라 미 파 레 레 도   도 라♭솔
색   빛 을 내 는   저 기 저 신 호 등 이- 내 머 릿 속 을 텅- 비 워 버

파 파 레 파 솔 라 라   라 솔 레 레 시♭시♭라 파 파 파 도 라   솔   라 시♭라 미 솔
려 내 가빠른지도-   느 린 지 도모르 겠-어 그 저눈앞   -이   샛 노 랄-뿐 야

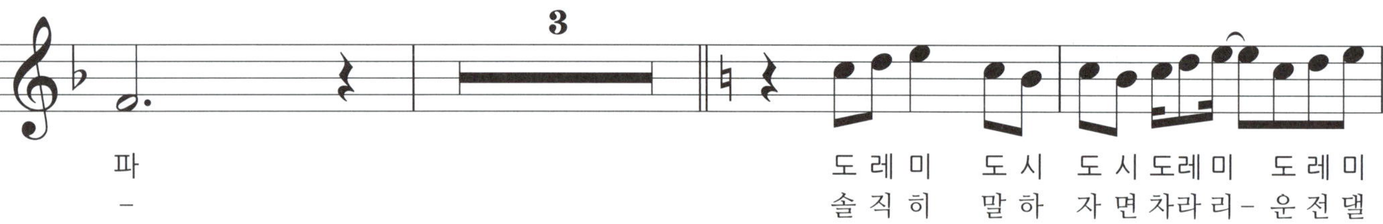

3
파   도 레 미 도 시 도 시 도레 미 도 레 미
-                          솔 직 히 말 하 자 면차라 리-운 전 댈

15

도 레 미 도 레 미 도 미　미 파 미 레　도 미 도　도 라 솔　파 미
못 잡 던 어 릴 때 가 더　좋 았 었 던　것 같 아　그 땐 함　께 온

파 미 파　솔 미　미 파 미　파 미 도 레
세 상 을 - 거 닐 -　친 구 가 - 있 었 으 니

레 레 레 미 레 시　도 시 도　솔 라 도　파　미　레 도　미
건 반 처 럼 생 긴　도 로 위 -　수 많 은　조　명　들 이　날

솔 미 레　도 레 미　레 레 레 레 도 시　도 시 도 레 미
- - - - - - 빠 르 게　번 갈 아 가 며 비　추 고 있 - 지 만 -

라 라 라 라 솔 솔 미 솔　라 솔　파　레 레 도　도 라 솔
난 아 직 초 짜 란 - 말 야 -　붉 은　색　푸 른 색 - 그 사 이

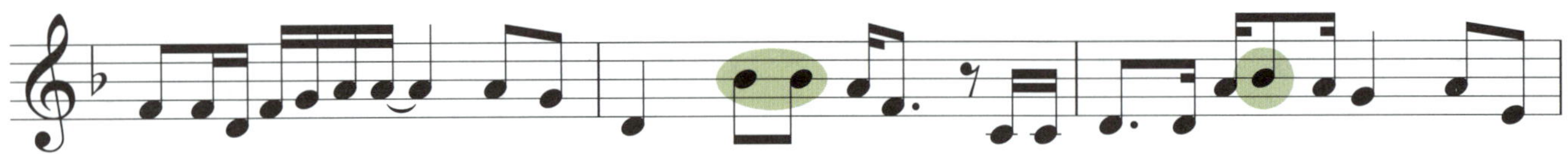

파 파레파솔라라 라솔 레 시♭시♭라파 도 도 레 레라시♭라솔 라미
3 초그짧은시간 - 노란 색 빛을내는 저기저 신호등 이 - 내머

파 레레레 도 라♭솔 파 파레파솔라라 라도도 시♭시♭라솔 파파파도라
릿 속을텅 - 비워버 려 내가빠른지도 - 느린지 -도 모 -르겠 -어 그저눈앞

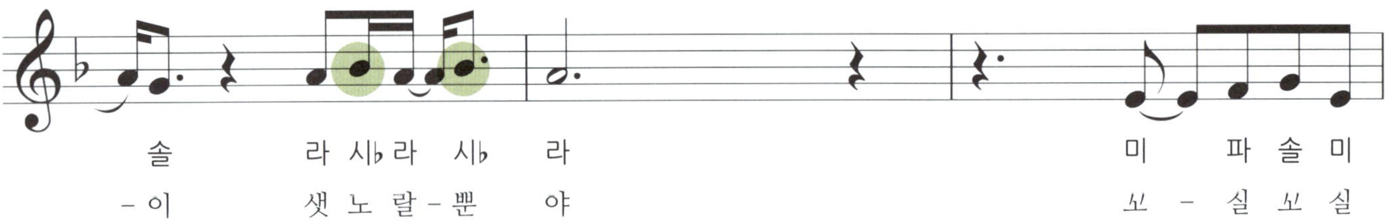

솔 라시♭라 시♭ 라 미 파솔미
-이 샛노랄 -뿐 야 쏘 - 실쏘실

파 미 레도 도 파 미레도라 시♭라시♭라
한 사 람이나 - 부 -자곁엔아 무도없 는

미 파솔미 파미레미파 파파솔 라시♭라파솔 라솔파
삼 -색조명 과이색칠위 - 서있어 괴롭히지마 - 붉은 -

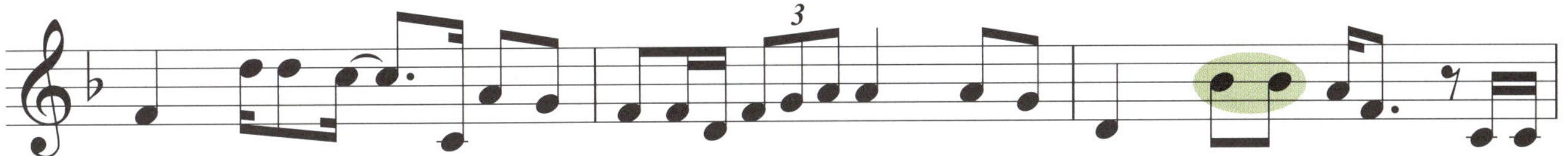

파 레레 도 도라 솔 파파레파솔라라 라 솔 레 시♭ 시♭ 라파 도 도
색 푸른 색 – 그 사 이 3 초그짧은시간 노 란 색 빛 을 내는 저 기

레 레 라 시♭ 라 솔 라 미 파 레 레 도 도 라♭ 솔 파 파레파솔라라 라 도 도
저 신 호 등 이 – 내 머 릿 속 을 텅 – 비 워 버 려 내 가 빠른지도 – 느 린 지

시♭ 시♭ 라 솔 파 파파 도 라 솔 라 시♭ 라 미 솔 파
– 도 모 – 르 겠 – 어 그 저 눈 앞 – 이 샛 노 랄 – 뿐 야 – – –

파 파 솔 라 솔 파파솔라 라 솔 솔 파

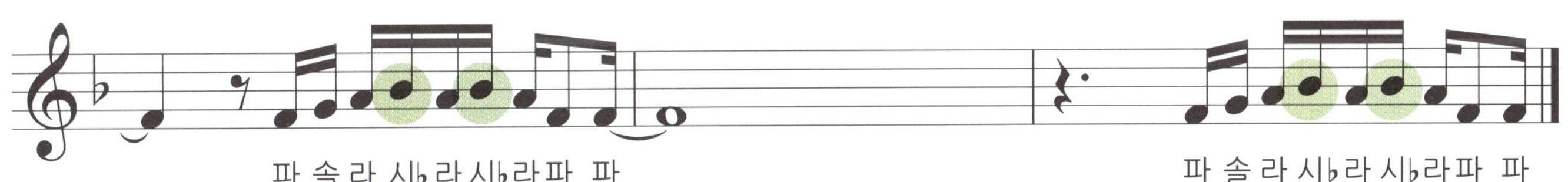

파 솔 라 시♭ 라 시♭라 파 파 파 솔 라 시♭ 라 시♭라파 파

시대를 초월한 마음

✱ 반음운지 참고하기

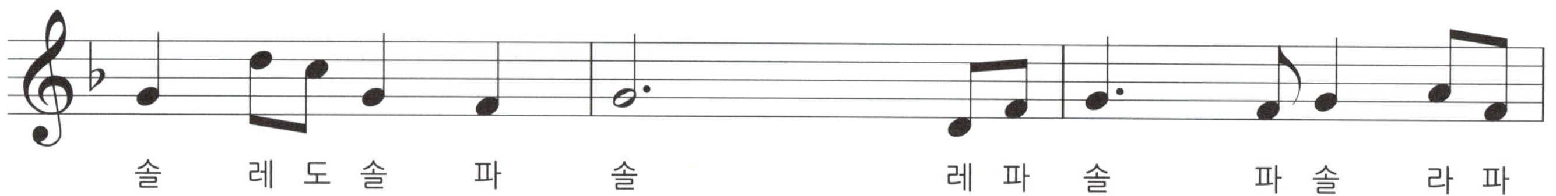

솔　파 솔　라파 솔　파 도 레　레 도 솔　레 도 솔 파

솔　레 파 솔　파 솔　라 파 솔　파 도 레　레 파

솔　파 솔 시b라 파 레　레 파 솔　솔파솔　라 파 솔　파 도 레　레 도

솔 레 도 솔 파　솔　레 도 솔 레 도 솔 파　솔

캉캉

작곡 Jacques Offenbach

* 반음운지 참고하기

Practice!

고음역으로 갈수록 호흡을 더욱 세게 불어야 합니다.

약하게 불면 이탈음이 발생합니다.

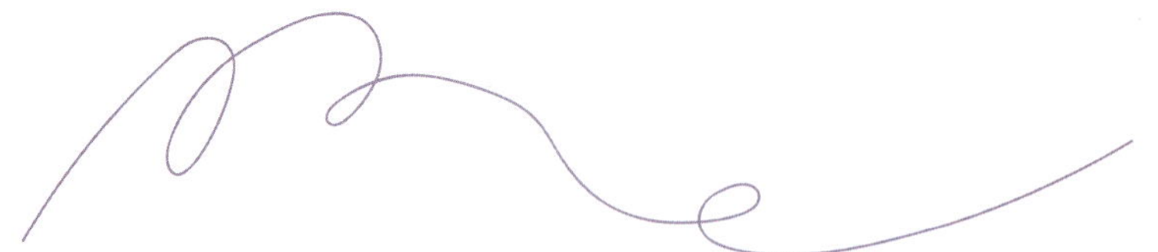

도 레 파 미 레 솔 솔 솔 라 미 파

레 레 레 파 미 레 도 도 시 라 솔 파 미 레

도 레 파 미 레 솔 솔 솔 라 미 파

레 레 레 파 미 레 도 솔 레 미 도 솔

도 레 파 미 레 솔 솔 솔 라 미 파

레 레 레 파 미 레 도 도 시 라 솔 파 미 레

도 레 파 미 레 솔 솔 솔 라 미 파

레 레 레 파 미 레 도 솔 레 미 도 도

이웃집 토토로 엔딩

작사 · 작곡 Miyazaki Hayao, Hisaishi Joe

* 반음운지 참고하기

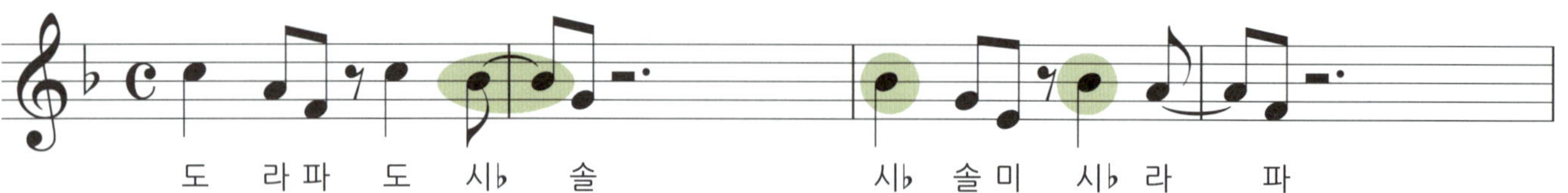

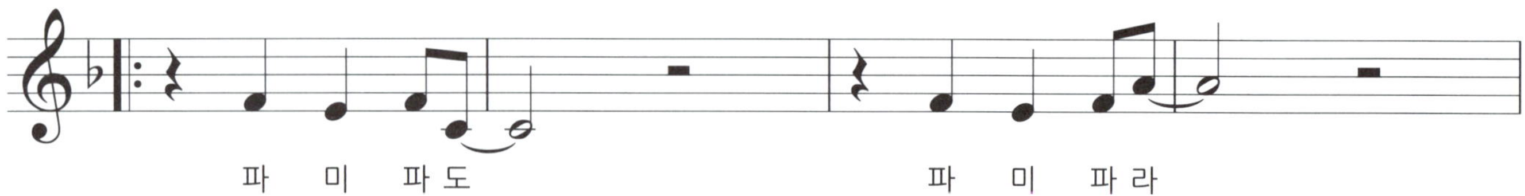

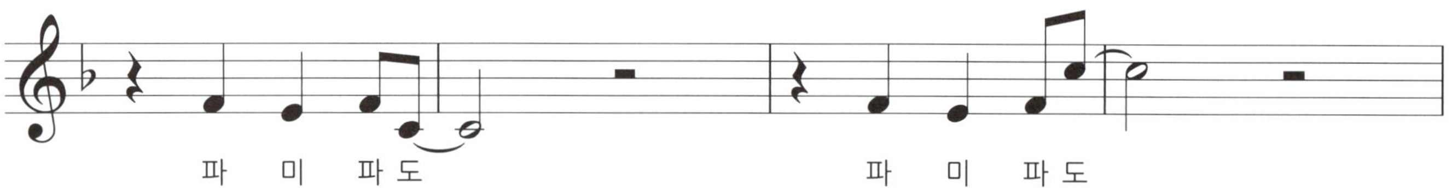

NO COPY

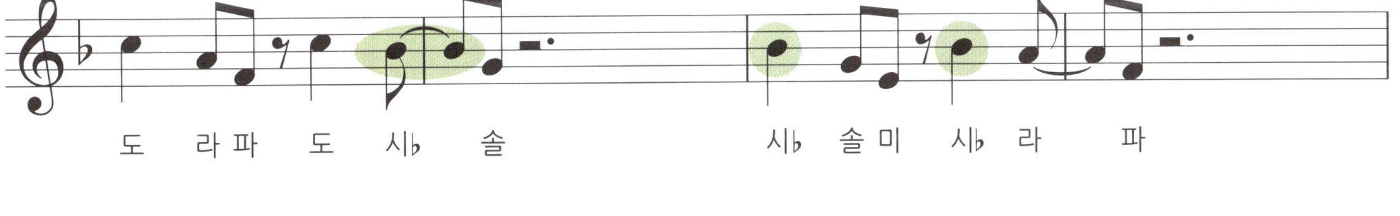

시b 시b 시b 시b 시b 라 솔 시b   솔 라 시b 라 라 라 솔 파 라
레 미 파 솔 레   레 미 파 솔 파 도   파 솔 라 시b
도 라 파 도 시b 솔   시b 솔 미 시b 라 파
레b 파 시b 라 도 파   라 시b라 시b라 시b라 파 솔   파 솔 라 시b
도 라 파 도 시b 솔   시b 솔 미 시b 라 파

레 레 도 시b라 시b 도 파파 라 시b라 파 시b라 파 레 도

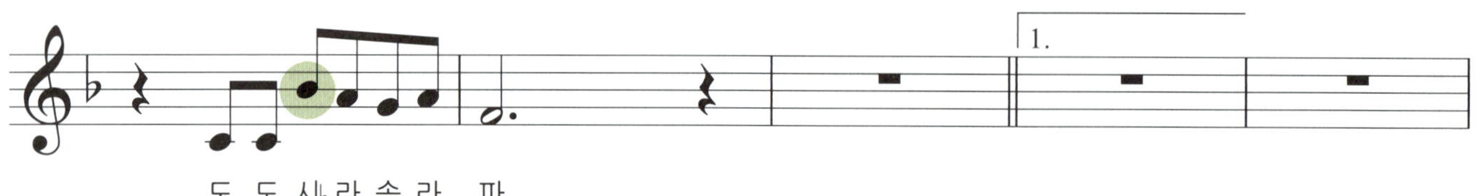
도 도 시b라 솔 라 파
1.

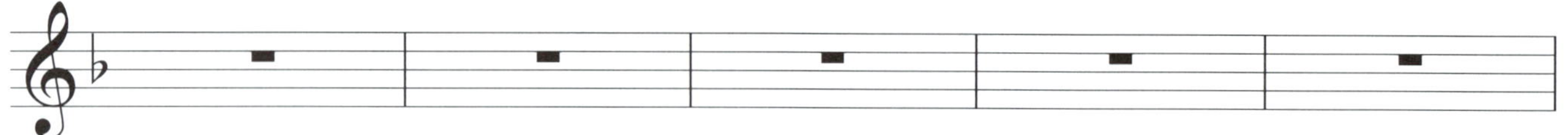

2.
도 라 파 도 시b 솔 시b 솔 미 시b 라

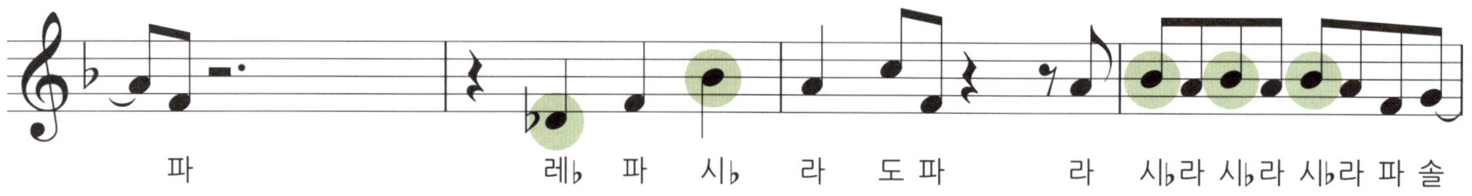
파 레b 파 시b 라 도 파 라 시b라 시b라 시b라 파 솔

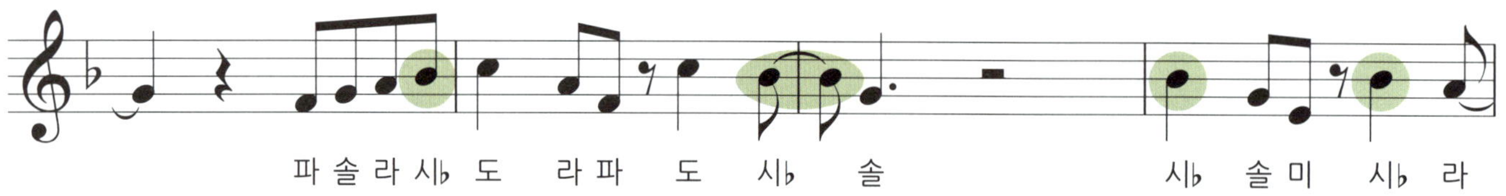
파 솔 라 시b 도 라 파 도 시b 솔 시b 솔 미 시b 라

파   레 레 도 시b라 시b 도   파 파   라   시b라 파 시b라 파 레 도

도 도 시b라 솔 라   도   라 파   도   시b   솔

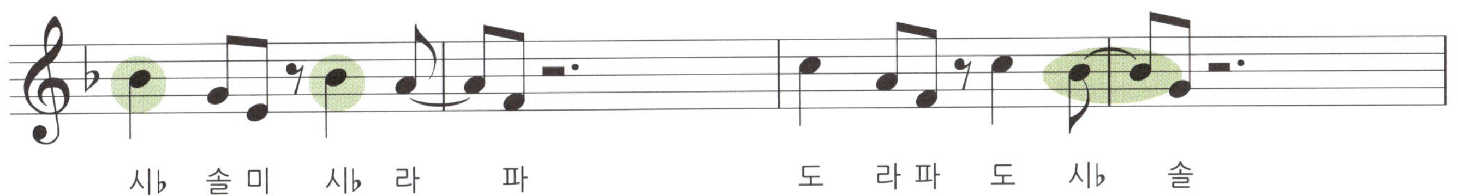
시b 솔 미 시b 라   파   도   라 파   도   시b   솔

시b 솔 미 시b 라   파   도   라 파   도   시b   솔

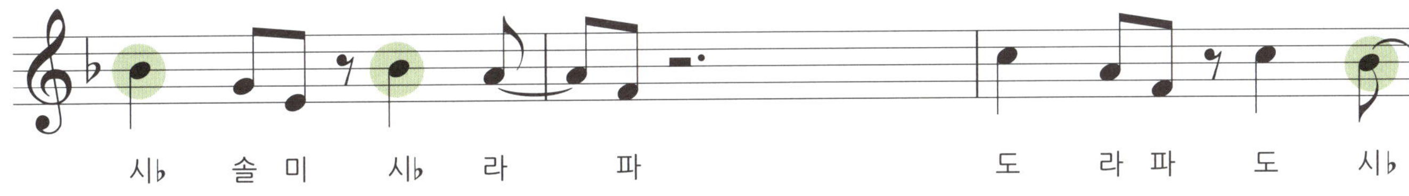
시b 솔 미 시b 라   파   도   라 파   도   시b

솔   시b 솔 미 시b 라   파

높은 도♯, 레♯(미♭) 운지법

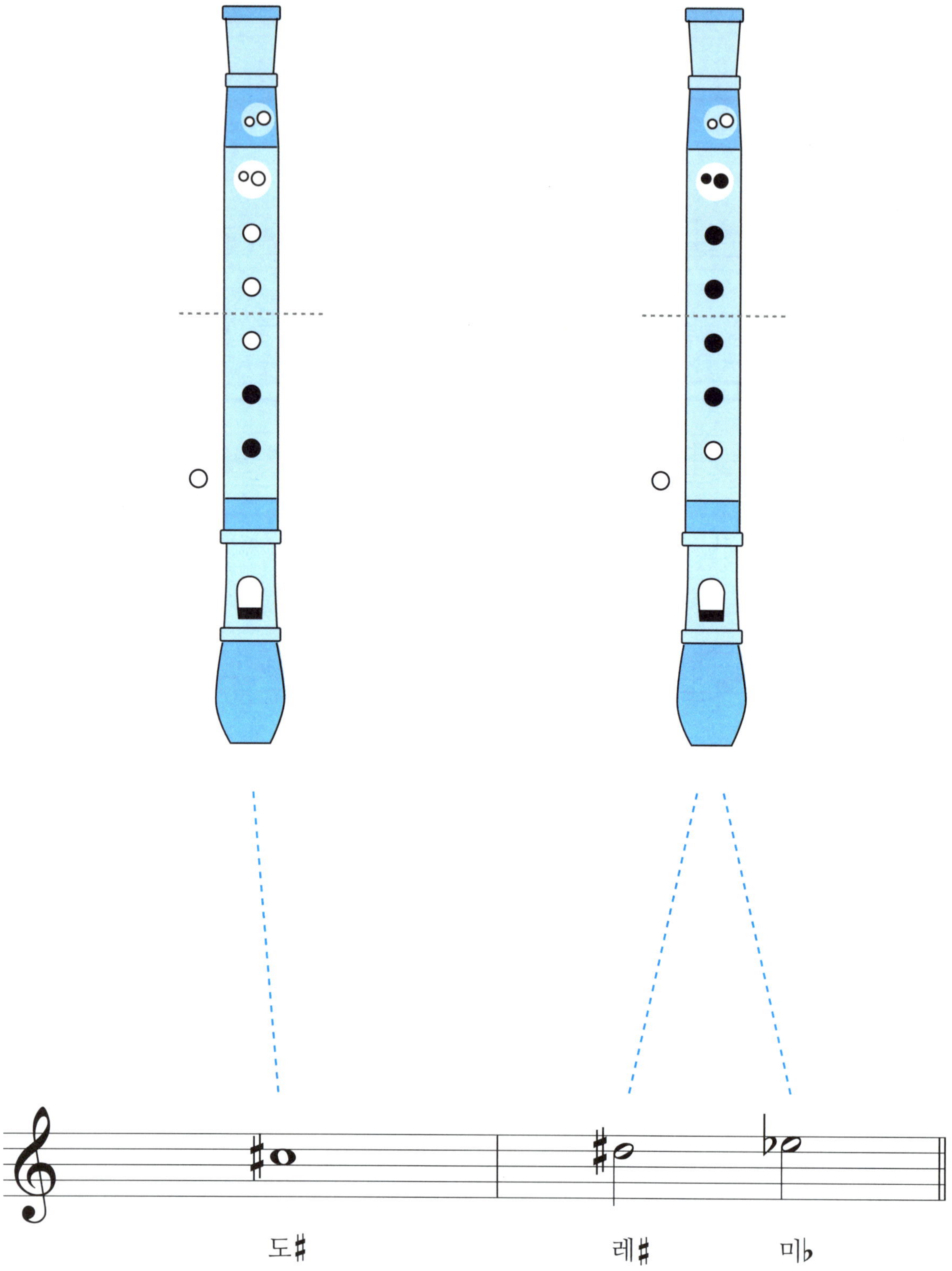

문어의 꿈

작사 · 작곡 안예은

* 반음운지 참고하기

솔 파 미 솔   미 솔 미 미 레 도
나 는 문 어   꿈 을 꾸 - 는 문 어

레 도 시 솔 솔 솔 솔 솔
꿈 속 에 서 는 - 무 엇 이

솔 솔 레 파 미 솔   솔 파
든 지 될 - 수 있 어 - 어   나 는

미 솔   미 솔 미 미 레 도   레 도
문 어   잠 을 자 - 는 문 어 -   삼 에

레 도 시 솔 솔 솔 솔 솔 솔 미 미 미 미 라 도
드 는 순 간 여 행 이 시 - 작 - 되 는 - 거 야 -

라 도 레 도 미♭
높 은 산 에 올
단 풍 놀 이 구

미♭ 레 미♭ 레 도   솔 도 레 도 솔
- 라 가 면 나 는   초 록 색 문 어
- 경 가 면 나 는   노 란 색 문 어

라 도 레도 미♭ 미♭레미♭레 도 솔 도 레 도솔
장 미 꽃밭 숨 - 어들면나는 빨 간 색 문 어
커 피 한잔 마 - 셔주면나는 진 갈 색 문 어
라 도 레도 미♭ 미♭레미♭레 도 미 미 미미 미
횡 단 보도 건 - 너가면나는 - 줄 무 늬문 어
주 근 깨의 꼬 마 와놀면나는 - 점 박 이문 어
라 라솔라 도 라솔라 도 도 도
밤하늘 - 을 날아가 - 먼 나 는
레 레 레도 도미 미 미미레도 미 레미레도
오 색 찬 란 한 문 - 어 가 되는 거 야 아 아 아 아
솔 미 레미레시 솔♯ 솔♯ 솔♯라
- 아 야 아 아 아 아 - 아 깊 은 바
도 도 도레도라도 도 도 도라♭ 도 도레 도 도 도
- 닷 속은너무외로 - 워 춥 고 어 - 둡 고 차 - 갑 고 때
미 미 미레도레미 레레미레도 솔
로 는 무 섭 기 도 해 애 애 애 애 애 - 애

NO COPY

미   레 미 레 시   솔#   솔# 솔# 라   도 도 레   도 라 도
야   아 아 아 아 – 아   그 래 서 – 나 는 매 – 일 꿈 을

도   도 도 파   1. 미 솔 라 도 솔   2.
– 꿔   이 곳 은 –   참 우 울 해 –

미   레 미 레 도 솔   미   레 미 레 시   솔#   솔# 솔# 라
야   아 아 아 아 – 아   야   아 아 아 아 – 아   깊 은 바

도 도 도 레 도 라 도   도   도 도 라♭   도 도 레   도 도 도
– 닷 속 은 너 무 외 로 – 워   춥 고 어 – 둡 고 차 – 갑 고 때

미   미   미 레 도 레 미   레 미 레 도   솔
로   는 무 섭 기 도 해   애 애 애 애 애 – 애

미   레 미 레 시   솔#   솔# 솔# 라   도 도 레   도 라 도
야   아 아 아 아 – 아   그 래 서 – 나 는 매 – 일 꿈 을

도   도 도 파   미 솔 라 도
– 꿔   이 곳 은 –   참 우 울 해

모범 연주

인생의 회전목마

작사 · 작곡 Hisaishi Joe

＊ 반음운지 참고하기

레 솔 시♭ 레 레 도 시♭ 라

시♭ 솔 시♭ 레 솔 솔

솔 파 미♭ 파 라 레 파

라 솔 파 미 파 솔 파

미 레 도 시♭ 도 레 도 솔

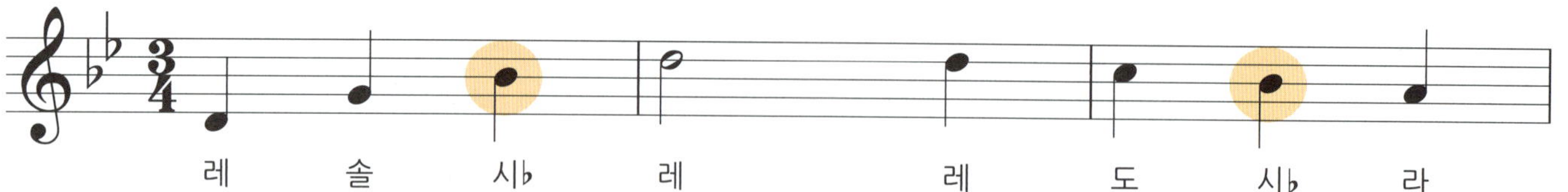

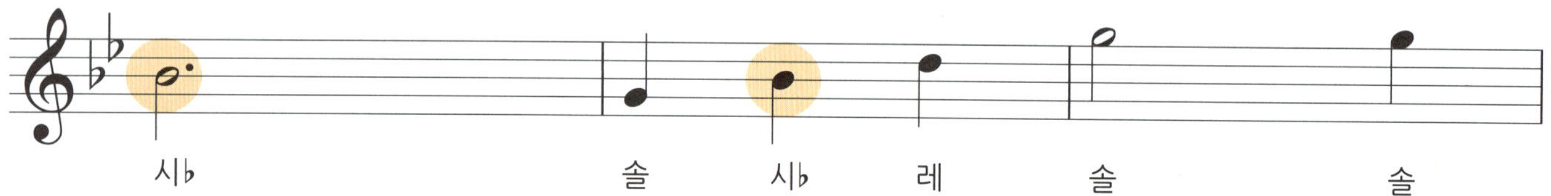

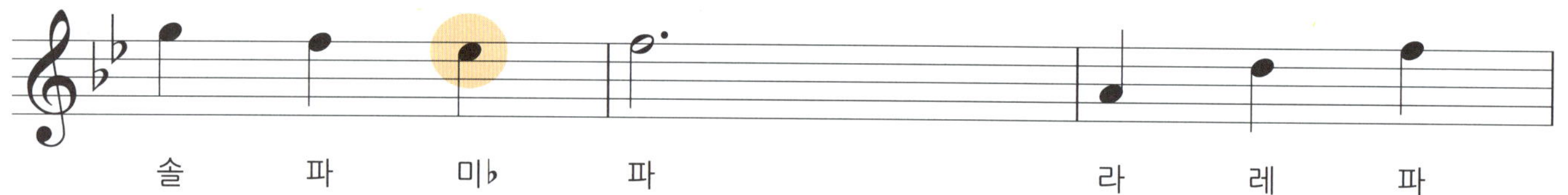

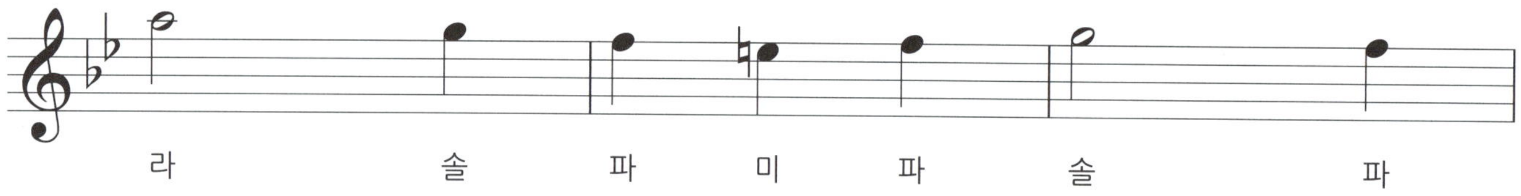

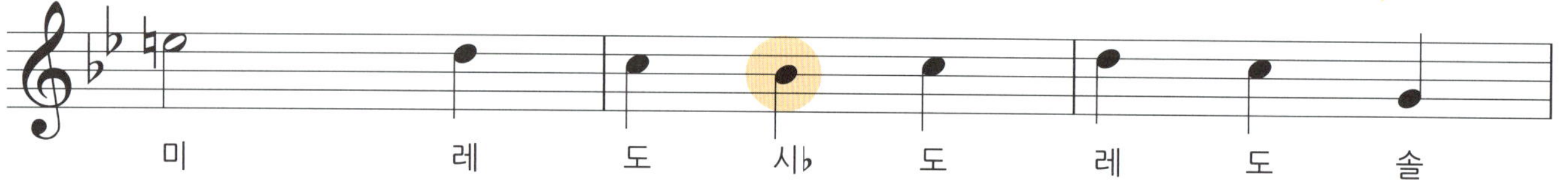

라 레 솔 시♭ 레 레
도 시♭ 라 시♭ 솔 시♭ 레
솔 솔 솔 라 파 미♭ 파
라 레 파 라 솔 파 미 레♯ 미 솔 파
미 레 도♯ 레 레 도 시♭ 라 시 도♯ 레

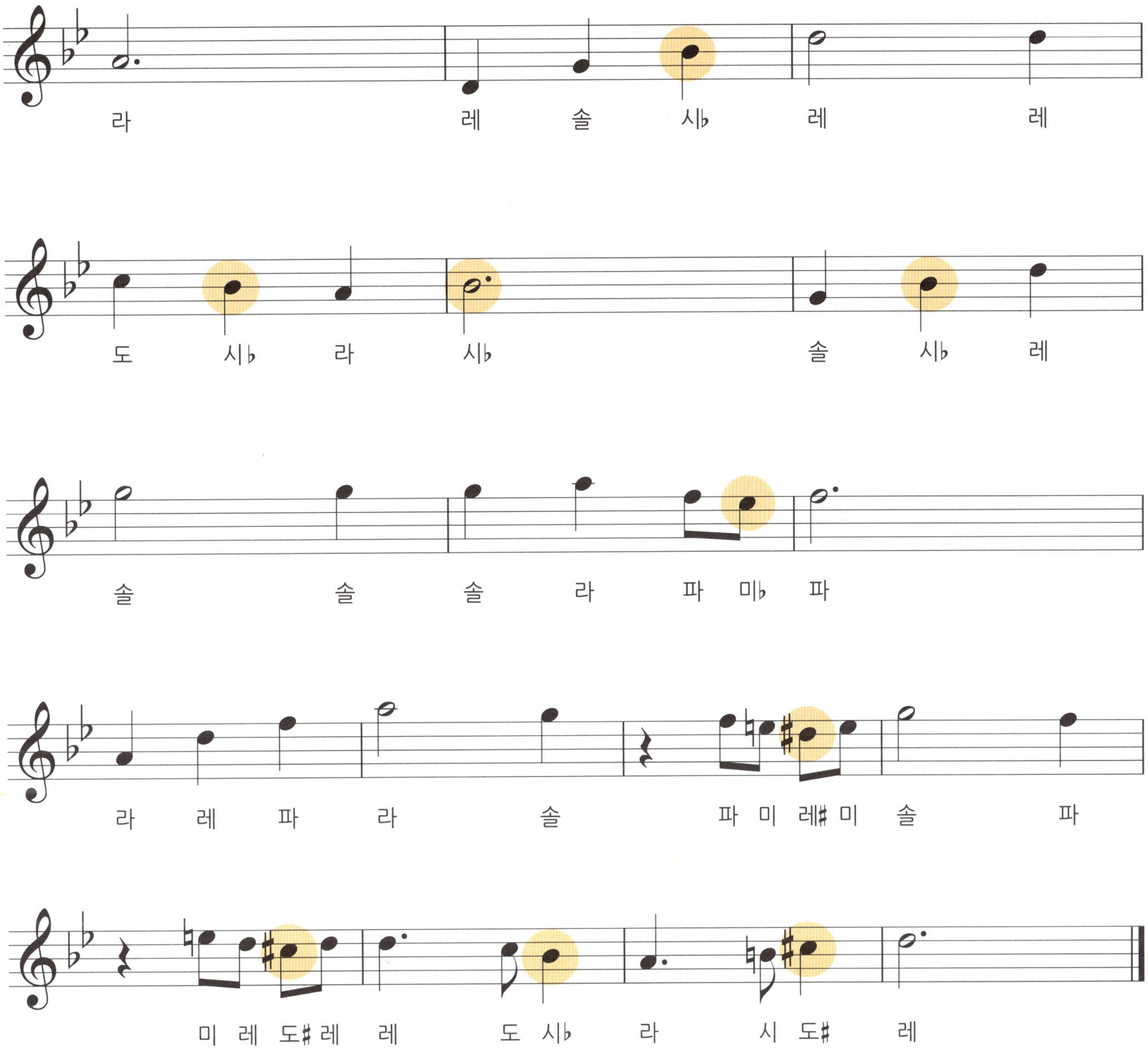

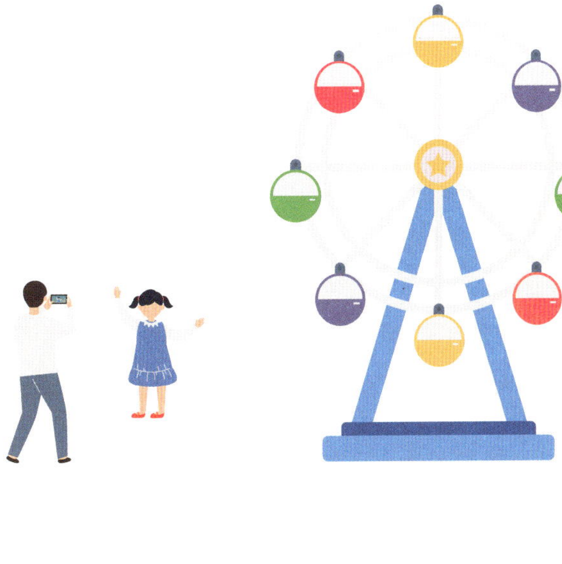

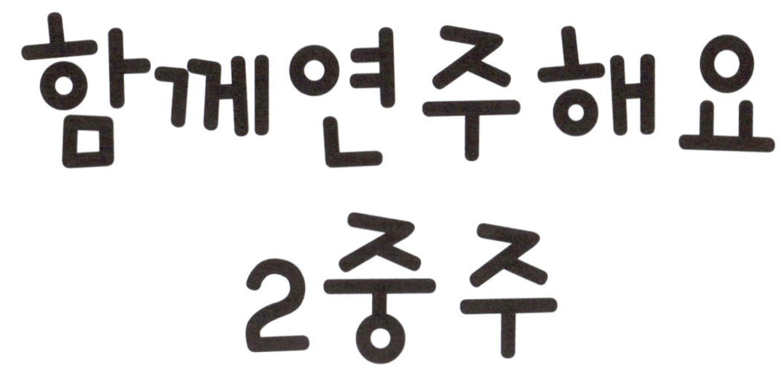

함께연주해요
2중주

캐논변주곡

작곡 Johann Pachelbel

미 레 도 시 라 솔 라 시 미 레
도 시 라 솔 파 도 파 솔 도 시
도 시 라 솔 라 시 도시도도도솔파솔
라 솔 파 도 파 솔 도시도도도솔파솔
미 도 시 라 시 라 솔 미 파 미 레 파 미 레 도 미 파 미 파 라 라 솔 라 시
미 도 시 라 시 라 솔 미 파 미 레 파 미 레 도 미 파 미 파 라 라 솔 라 시
도 시 도 미 레 솔 파 솔 미 도 시 라 시 미 솔 라 파 미 레 파 미 레 도 시 라 솔 라 도 도 시
도 시 도 미 레 솔 파 솔 미 라 솔 파 솔 솔 시 도 라 솔 파 라 솔 파 미 솔 파 미 파 라 라 솔

NO COPY

솔　미파솔　미파솔솔라시도레미파　미　도레미　미파솔라솔파솔도시도
미　도레미　도레미솔라시도레미파　도　라시도　미파솔라솔파솔도시도

라　도시라　솔파솔파미파솔라시도　라　도시도　시도솔라시도레미파솔
파　라솔파　미레미레도레미파솔라　파　라솔라　솔라솔파솔라시도레미

솔　미파솔　미파솔솔라시도레미파　미　도레미　미파솔라솔파솔도시도
미　도레미　도레미솔라시도레미파　도　라시도　미파솔라솔파솔라솔라

라　도시라　솔파솔파미파솔라시도　라　도시도　시라시도레도시도라시　도
파　라솔파　미레미레도레미파솔라　파　라솔라　솔파솔라시라솔라파솔　미

수고했어 오늘도

작사·작곡 김윤주

* 반음운지 참고하기

NO COPY

레 레레미레 도 도 도레도 시♭시♭시♭도시♭ 라 라 시♭도
작 게열어둔 문 틈사이로 슬픔보다더 큰 외로움
시 라 솔#솔#솔# 라 솔 파#파#파# 파파미미미 파 파솔라

레 솔 미 도 파 파
이 다 가 와 더 날
시 시 시 라 라 도

파솔라시♭도레 도 레레레도파라 시♭라솔 솔파솔
수고했어오늘 도 아무도너의슬 픔에관심없대
도 도레미파 파솔라시♭ 라 시♭시♭시♭라 라 레 레 도#도#

라 시♭ 라도레미 시♭라솔파미파 파
더 난 늘응원해 수고했어오늘 도
파 파 파 파미 레레레미레 도

율다우(김유리)

경희대학교 포스트모던음악학과 졸업
유튜브 채널 "율다우피아노" 운영

100만뷰 유튜버 율다우 쌤의
리코더야 놀자

발행일 2025년 10월 10일
저자 율다우

편집진행 전수아 · **디자인** 김은경, 우현정
마케팅 현석호 · **관리** 남영애

발행처 (주)태림스코어
발행인 정상우
출판등록 2012년 6월 7일 제 313-2012-196호
주소 서울시 은평구 증산로 9길 32 (03496)
전화 02)333-3705 · **팩스** 02)333-3748

ISBN 979-11-5780-408-5(03670)